ハツのカブトガニ観察《かんさつ》日記

出会いのきっかけ

2017年8月6日（日）干がたでのカブトガニ観察《かんさつ》会《かい》に行きました。そのとき、たまたま49個《こ》のカブトガニの卵《たまご》をあずかることになりました。卵《たまご》からどう育っていくか、観察《かんさつ》しようと思います。

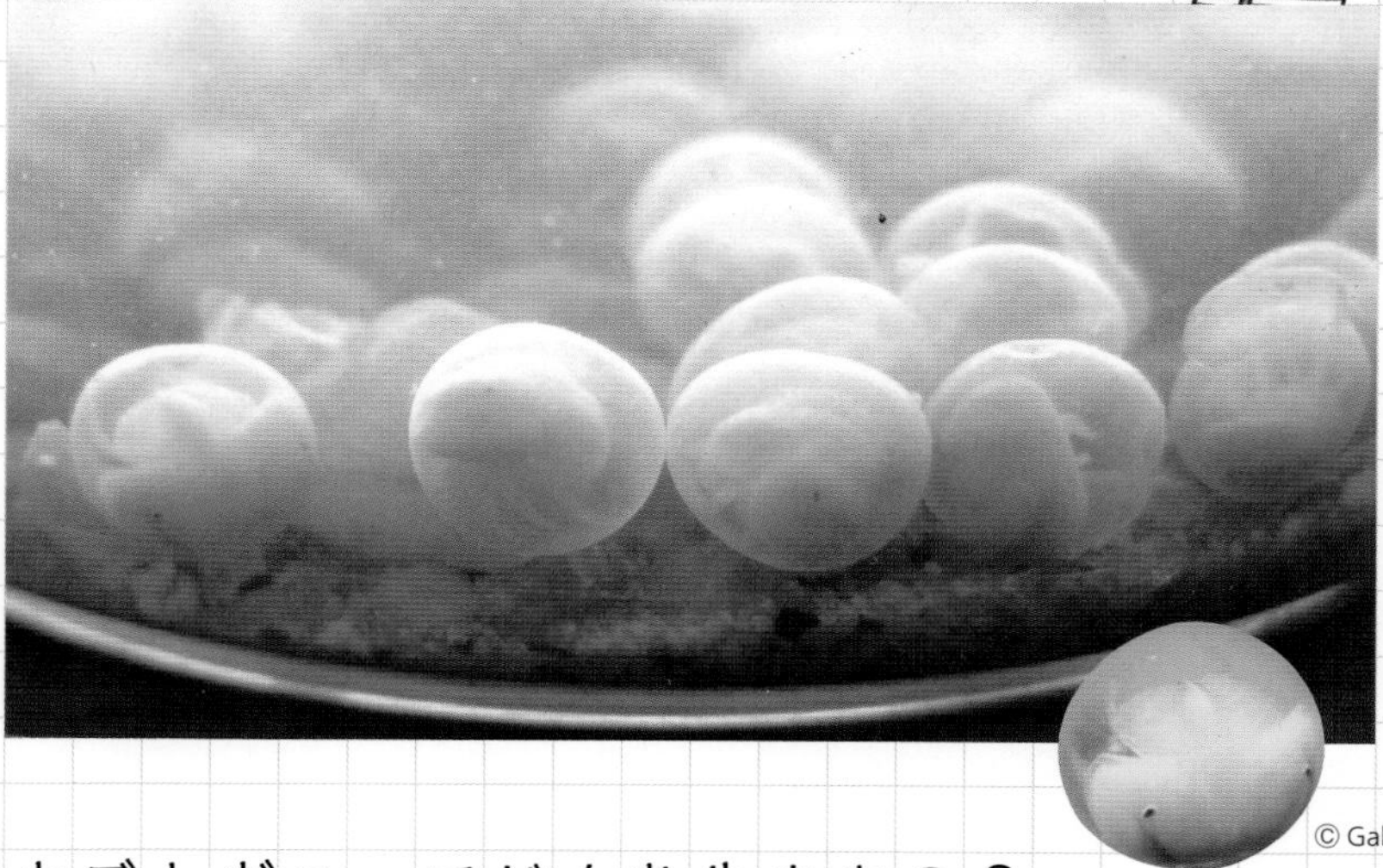

© Gakken

カブトガニってどんな生きもの？

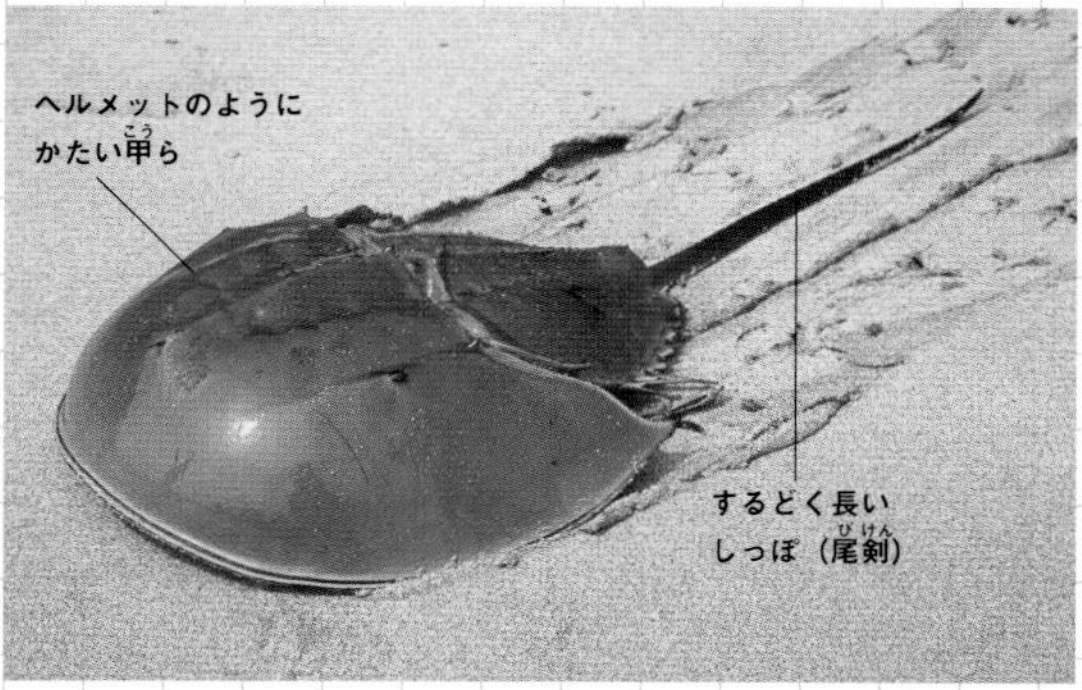

© Gakken

種名《しゅめい》：カブトガニ

生息地：西日本や東南アジアの海

大きさ：体長メス60cm《センチ》、オス50cm《センチ》

特《とく》ちょう：2億年《おくねん》生きのびてきた種《しゅ》のため、「生きている化石」とよばれる。

＊絶滅危惧種《ぜつめつきぐしゅ》：生息地を失《うしな》うなどして数がへって、絶滅《ぜつめつ》の危機《きき》にさらされている生きもの。日本で3700種ほどある。生息状況《じょうきょう》により危険《きけん》カテゴリーがことなり、カブトガニをふくむ「Ⅰ類《いちるい》」は、「絶滅《ぜつめつ》」「野生絶滅《ぜつめつ》」についで危険度《きけんど》がとても高い。

ふ化

2017年8月31日（木）37ひきが卵《たまご》からかえり、ふ化しました。白くて、横はば5.5㎜《ミリ》ほど。うまれてすぐ、じょうずに泳ぐことができます。

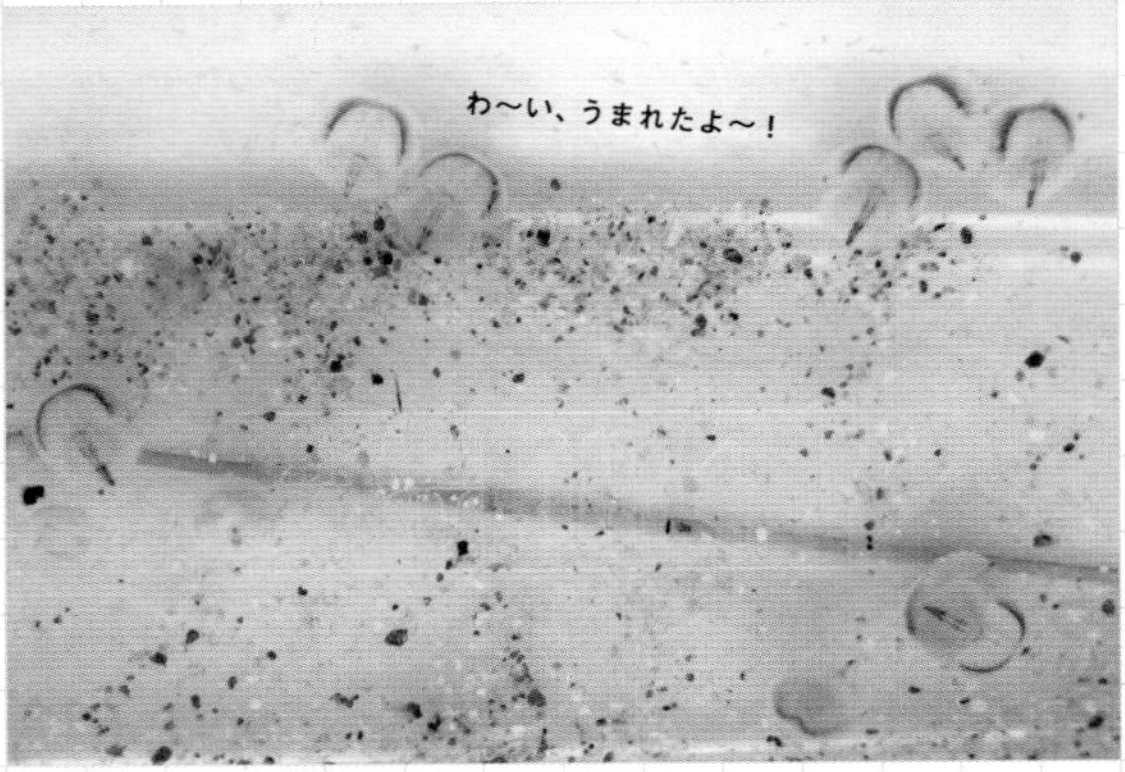

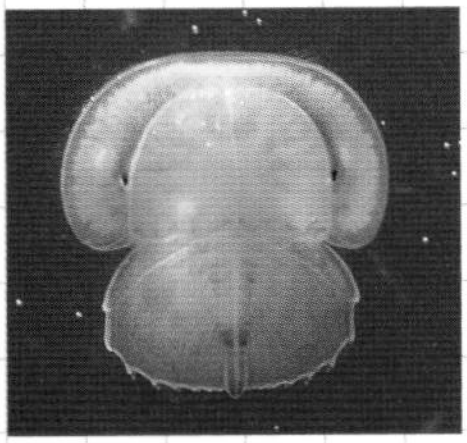

卵《たまご》からふ化したときのすがた。

冬ごしと脱皮《だっぴ》

2017年10月 水そうにどろをいれて、40ぴきを冬は眠《ねむ》らせました。

2018年6月末《まつ》 ちっとも起きないので、どろからほりおこしました。すぐに脱皮《だっぴ》をはじめて大きくなりました。横はば10㎜《ミリ》もないです。

えさやり、そして海へ…？

2018年7月上旬《じょうじゅん》、えさやり（プランクトン）をはじめました。体がすけているので、食べたあと、えさの色がすけて見えます。

ふんも、
えさのプランクトンの
赤色をしている。

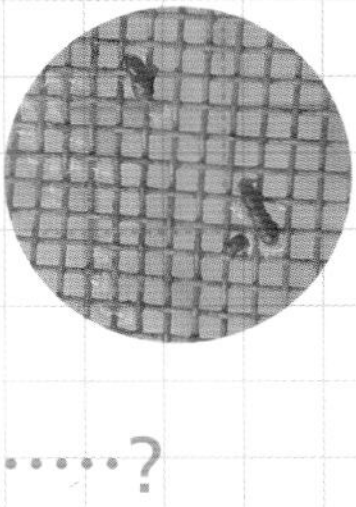

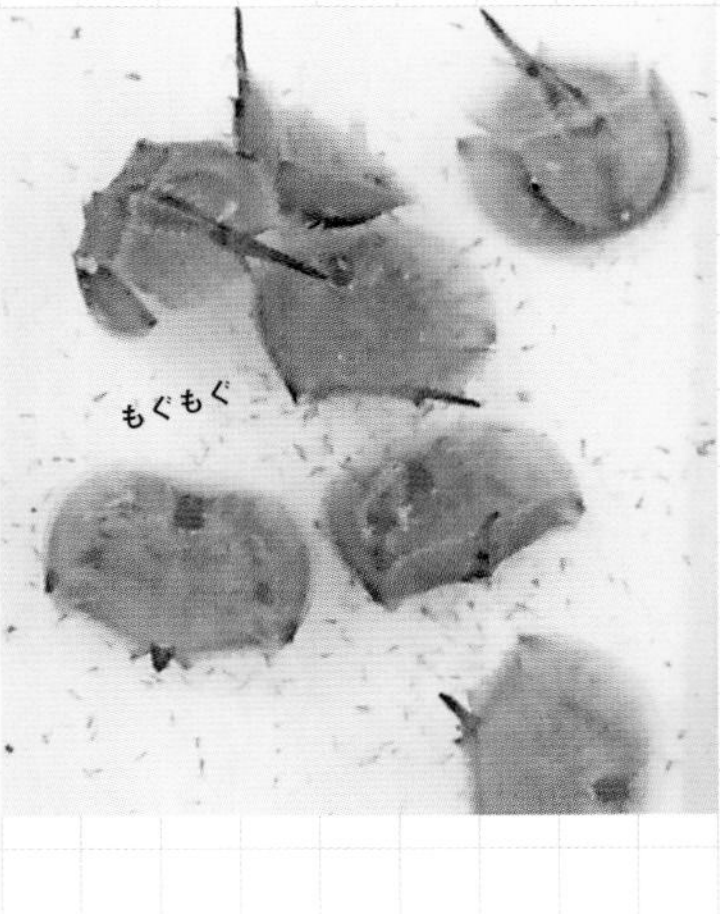

かぶこたち、
海にもどせるかな……？

石井里津子
Ritsuko Ishii

うちにカブトガニがやってきた!?

生きている化石とすごした1年と2か月

Gakken

目次

※本書の情報《じょうほう》は、2020年5月末《まつ》時点のものです。

はじまり

わが家は、マンションぐらし。14階のここからは、青くまぶしく光る海も外国船も見えるし、潮風《しおかぜ》もかおる。けれど、マンションぐらしでは土は遠くて、身近な生きものといえば、ベランダの水そうで飼《か》っているメダカと2ひきのクサガメだけ。

そんな日々《ひび》のなか、父、母（わたし）、3人の兄妹が、海で出会った、特別《とくべつ》な生きもの——。それは、カブトガニだった。

「それ、『生きている化石』といわれる、カブトガニの死がいの一部だよ」

浜辺《はまべ》でぐうぜん、末《すえ》っ子《こ》のハツがひろったものを見て、お父さんが子どもたちに声をかけた。ハツが小学1年生のときだった。

「生きている化石？」

ハッが見つけたのは、剣《けん》のように長いしっぽがついている甲《こう》ら。甲《こう》らには、とげまでついている。

「カブトガニは、２億年前《おくねんまえ》からすがたをかえていない生きものなんだ。恐竜《きょうりゅう》の時代から生きのこりつづけていて、化石と今も同じすがただから、そういうんだよ」

わが家のお父さんは、クジラの研究者。わかいときには、水族館で海の生きもののめんどうをみていた、獣医師《じゅういし》でもある。

「そしてね、カニって名前がついているけれど、カニの仲間《なかま》じゃないんだ。＊クモやサソリの仲間《なかま》に近いっていわれているんだよ」

＊２０１９年、カブトガニの遺伝子《いでんし》を調べたところ、クモの仲間《なかま》にはいるという結果《けっか》が発表《はっぴょう》された。だが、まだ確定《かくてい》していない。

ハツが長いしっぽを手に取って、ふいっと持ちあげた。

「かたいよ」

わたしも、おそるおそるさわってみる。とげもかたく、いたい。ひっくりかえすと、死んでから、ずいぶんとたっていたらしい。もうおなか側《がわ》はのこっておらず、背中側《せなかがわ》の甲《こう》らの下半分だけだった。大きさは横はば10数cm《センチ》、長さは35cm《センチ》ぐらい。長い柄《え》のついた、小さめのうちわぐらいだった。


かつて田んぼで見られていた、小さな「カブトエビ」とまちがわれやすいけれど、カブトガニはずっと大きくて、ずっとかたい。ヘルメットのような、りっぱな甲《こう》らを持った海の生きものだ。

生きているカブトガニは、甲《こう》らのつるんとした印象《いんしょう》とはまさに裏腹《うらはら》に、おなか側《がわ》には、茶色くて、ツヤツ

ヤ光る足がうじゃうじゃはえている。10本の歩くための足と、えさを食べるときに使う小さめの足が2本。合わせて12本。足の世界はすごくにぎやかで、人間とはずいぶんかけはなれた生きものに見える。そして、グロテスクなぶん、すごくたくましい存在感《そんざいかん》を放つ。それが、カブトガニだ。

日本では環境省《かんきょうしょう》が、カブトガニを絶滅《ぜつめつ》するおそれのある生きもの「絶滅危惧Ⅰ類《ぜつめつきぐいちるい》」にしている。カブトガニの子ども（幼生《ようせい》）[*1]がくらす場所である、海岸の干《ひ》[*2]がたがへっているからだ。

好奇心《こうきしん》いっぱいなハツは、浜辺《はまべ》で見つけたカブトガニの甲《こう》らをちゃっかり家に持って帰ってきた。まさかこの2年後、マンションで、カブトガニの赤ちゃんといっしょにくらすことになろうとは……。

*1 幼生《ようせい》：卵《たまご》からかえった動物の子が、親のすがたとちがう形をしているもの。おとな（成体《せいたい》）になるまでのあいだをさす。

*2 干《ひ》がた：遠浅《とおあさ》の海岸で、潮《しお》が引くときにあらわれる、砂《すな》やどろの広い土地。きめ細かいどろには、いろいろな生きものがくらす。

1 自由研究はカブトガニ！

観察会《かんさつかい》に参加《さんか》するべし

わたしたちが、生きているカブトガニに実際《じっさい》にふれたのは２０１６年、ハツが小学2年生の夏だった。

「ね、ハツ。インターネットで見たんだけれど、カブトガニが卵《たまご》をうむところを見たり、子どものカブトガニをさがしたりする観察会《かんさつかい》があるって。行く？」

「そうだねー。あ、それって自由研究になるかな？」

　山口県《やまぐちけん》では毎年夏、「山口カブトガニ研究懇話会《こんわかい》」が、カブトガニの産卵《さんらん》・幼《よう》生観察会《せいかんさつかい》を開いている。「生きている化石」の、まさしく生きているようすを観《かん》察《さつ》できるだなんて、わくわくする。

　絶滅危惧種《ぜつめつきぐしゅ》とはいえ、瀬戸内海《せとないかい》西部から九州《きゅうしゅう》北部では、身近な生きもの。

　あまり知られていないけれど、干《ひ》がたをちょっとさがせば、「生きている化石」とふれあえるというのだから、おどろいてしまう。

　わたしは、ハツのお母さんであると同時に、日本各地《かくち》の田んぼを取材《しゅざい》してきた

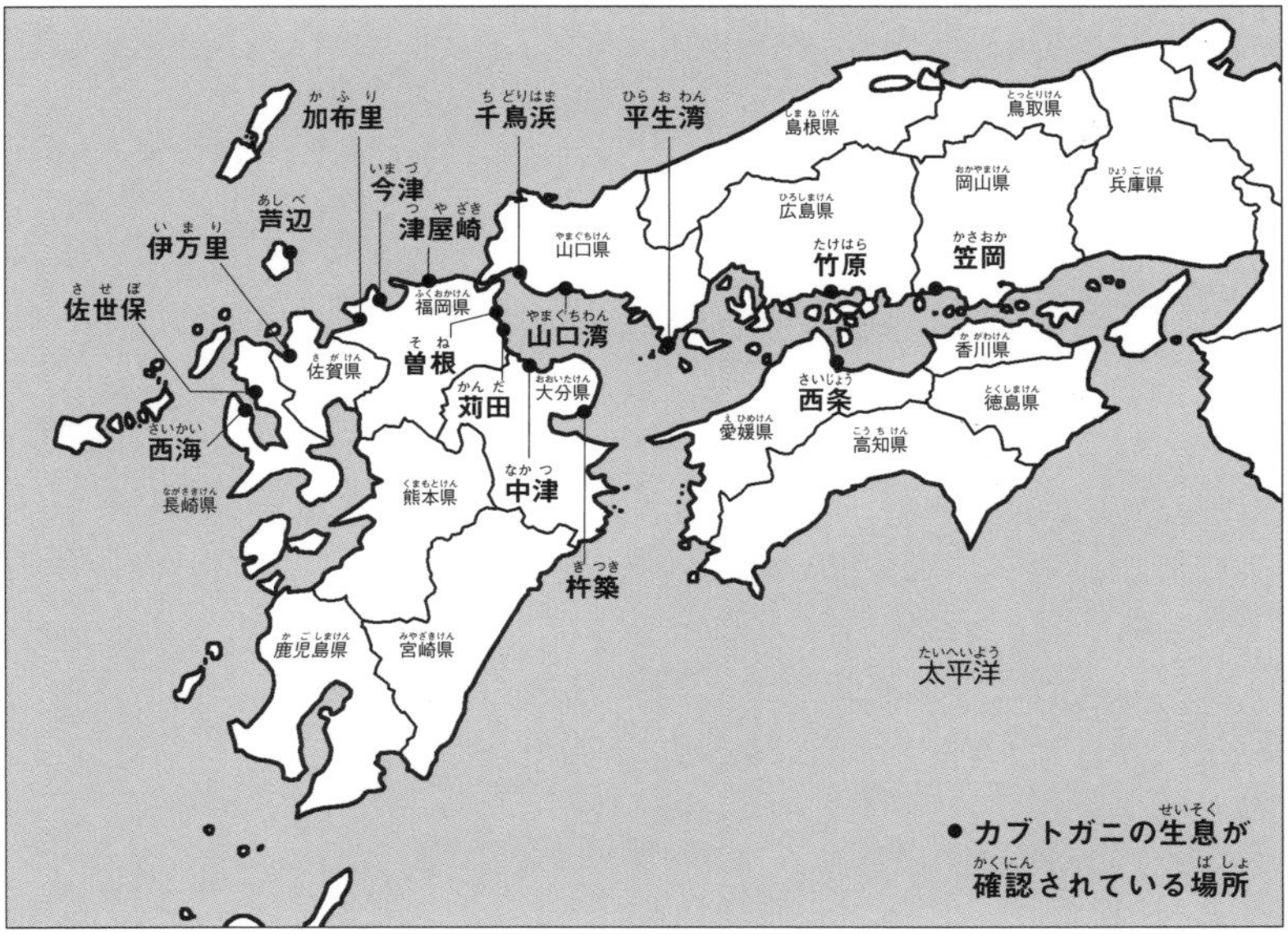

ひとりでもある。田んぼは、人がつくったものだけれど、タガメやゲンゴロウといった水生昆虫《すいせいこんちゅう》や、メダカ、カエルに鳥など、生きものがいっぱい。生きものも、イネも、人もいっしょに生きていける、命あふれる空間だ。

だから、海の世界の、身近な生きものであるカブトガニが、どんなふうに人とかかわっているのか、わたし自身すごく興味《きょうみ》がわいた。

「カブトガニ観察会《かんさつかい》」の当日。まずは産卵《さんらん》の観察《かんさつ》からだった。

8月6日、朝8時半。ギラギラした日差《ひざ》しが照《て》りつけるなか、お父さんもさそい、この日の開催《かいさい》場所、山口湾《やまぐちわん》の浜辺《はまべ》へ向かう。＊1満潮《まんちょう》になる時間は、おおよそ10時。

カブトガニは、6月の終わりごろ〜8月上旬《じょうじゅん》の満潮時《まんちょうじ》（とくに＊2大潮《おおしお》がよい）、干《ひ》がたに面した砂浜《すなはま》で産卵《さんらん》する。わたしたちは、満潮《まんちょう》の1時間ほど前から、海岸へやってくるカブトガニを待ちうける。

カブトガニの生息地では、地元の研究家たちが40年以上《いじょう》、毎年、地道に調査《ちょうさ》を続《つづ》けてきた。その結果《けっか》、今や産卵《さんらん》の場所と日時がわかり、前もって予定を立てることができる。だからその日、浜辺《はまべ》にそっと向かうだけで、感動の産卵《さんらん》シーンに出会えるというわけだ。

観察会《かんさつかい》の先生は、「山口カブトガニ研究懇話会《こんわかい》」の原田直宏《はらだなおひろ》さん。もともと高校の理科の先生で、カブトガニ調査《ちょうさ》研究家。自宅《じたく》の納屋《なや》を利用《りよう》して、カブトガニのミニ展示館《てんじかん》も作っている。

原田先生は、１９９２年から産卵《さんらん》や幼生《ようせい》の調査《ちょうさ》とともに、カブトガニの飼育《しいく》もし、育てたカブトガニを海にかえしてきた。さらに毎年、観察会《かんさつかい》を開いて、カブトガニや干《ひ》がたのたいせつさについて広めている。

＊1 満潮《まんちょう》：潮《しお》が満《み》ちて、海の水面が1日のうちでもっとも高くなること。また、そのとき。

＊2 大潮《おおしお》：潮《しお》の満《み》ち引きの差《さ》が、もっとも大きくなること。また、そのとき。

つがい、足元で卵《たまご》をうむ！

「丸いあわの輪《わ》っかが見えたら、そこでうんでいますよ。あわの輪《わ》を目印《めじるし》に！」

原田先生の教えにしたがって、暑いなか、浜辺《はまべ》の波打ちぎわの海面をじっと見る。

大潮《おおしお》の満潮時《まんちょうじ》、浜《はま》に打ちよせる波に乗って、カブトガニのつがい（メスとオスの一組み）がやってくるという。けれど、海面から頭を出してくるわけではない。しかも、海は決してすきとおってはいない。

波が浜《はま》に打ちよせてできる白いあわもある。あわといわれても……。

わたしもハツも、ほかの参加者《さんかしゃ》たちといっしょにカブトガニのつがいをもとめて、砂浜《すなはま》をあっちへ行ったりこっちへ来たり。また行ったり。海面にうかびあがるであろう、あわをさがしもとめた。

目印《めじるし》となるあわの輪《わ》っかは、メスが産卵《さんらん》のために、頭を下げて砂《すな》をほるとき、砂《すな》

産卵観察会《さんらんかんさつかい》。
波打ちぎわで、カブトガニのつがいを待ちうける。

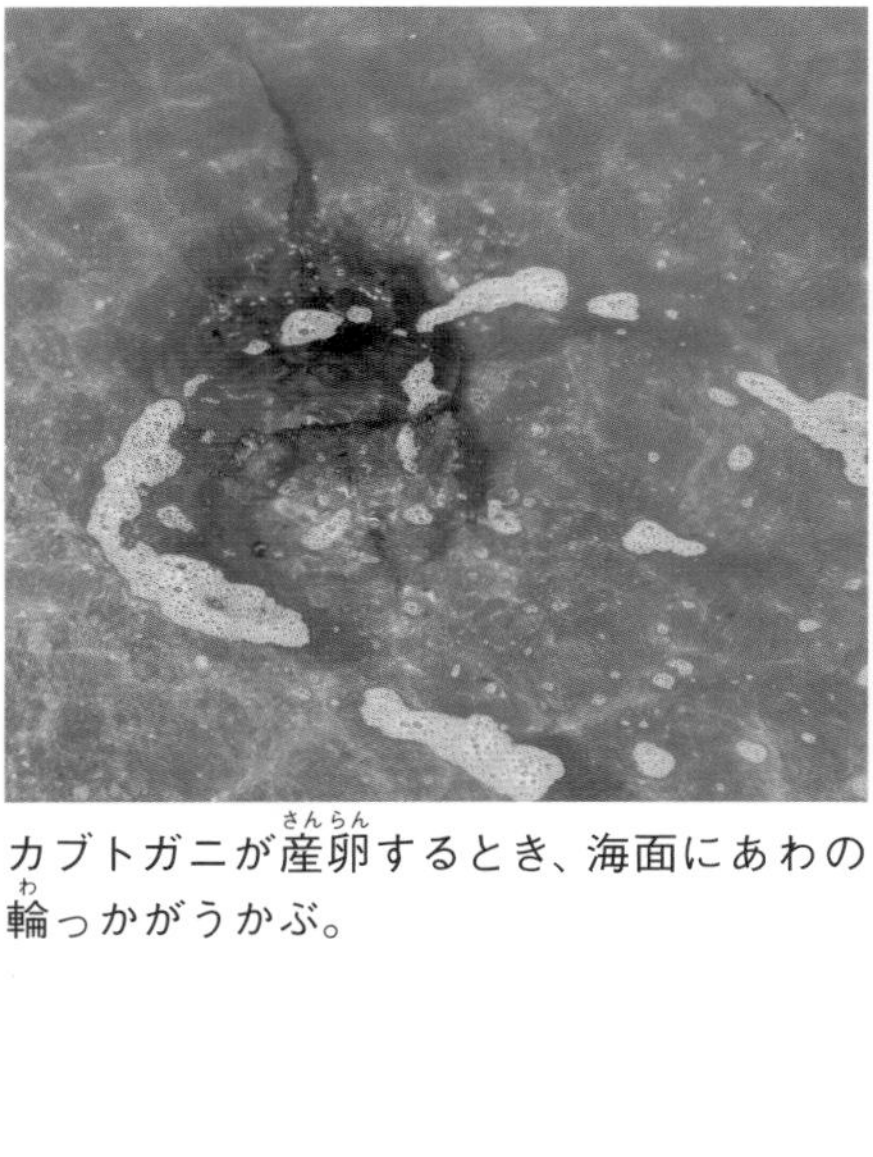

カブトガニが産卵《さんらん》するとき、海面にあわの輪《わ》っかがうかぶ。

波打ちぎわに、つがいで産卵《さんらん》に来たカブトガニ（前がメス、後ろがオス）。

のなかの空気がカブトガニの体の下からうかびあがってくるもの。そして、カブトガニの体より大きなリング状《じょう》になる。

最初《さいしょ》は、ぷくぷくと小さなあわがあがりはじめる。いつしか大きな輪《わ》をえがいてういてきたら、カブトガニのつがいがそこにいる証拠《しょうこ》だ。

そして、カブトガニのつがいは、この日もちゃんとやってきた。波打ちぎわすれすれに。人間が何人も、近くでのぞきこんでいるというのに、カブトガニは、気にするようすもなく、ぐいぐい人のそばにも近づいてくる。

間近で見ると、思っていたよりずっと大きい。メスの甲《こう》らは、バスケットボールくらいの大きさだ。甲《こう》らの色は、茶色味がかったカーキ色やグレーに近かったり、個体《こたい》によって、少しずつ色がちがったりする。

よく見ると、甲《こう》らにフジツボや巻《ま》き貝《がい》がくっついていたり、きずだらけだったりする。きずや貝の多さが、生きた年月の長さを物語っている。

おもしろいことに、最初《さいしょ》からつがいが、前後にくっついてやってくる。先頭の大きいほうがメス、後ろがオスだと聞いて、びっくり。

「メスがたいへんそう」

ハツも、メスの背《せ》に、オスが乗るようにつながっているのが、印象的《いんしょうてき》だったみたい。いつしか、おもむろに海のなかへ手をのばしている。

「さわってもいい？　わあ、にげないよ」

カブトガニは、卵《たまご》をうむ場所をさがして、最初《さいしょ》はうろうろするものの、ここぞ、と場所を定めたら1時間以上《いじょう》かけて卵《たまご》をうむ。人がちょっとやそっとさわったぐらいでは、にげださない。このとき、1か所あたり200〜300個《こ》ほどの卵《たまご》をうんでいるそうだ。

場所を決めたかと思うと20分ほどで、ほんの少し動く。そして、また動く。このように何か所かに小さく移動《いどう》して、何度か、卵《たまご》をうみつけて去っていく。

この去りかたがすばやい。だから、まだ産卵中《さんらんちゅう》だな、と油断《ゆだん》していたら、くるんとターンして、あっという間に海のなかへ。

そしてひと夏に、何回か同じ浜《はま》にくりかえしやってきて、産卵《さんらん》しているそうだ。

「1ぴきのメスが、ひと夏に1万個《まんこ》以上《いじょう》うむとは思うけれど、ほんとうの数はわからないよね」と、原田先生は話していた。

山口県《やまぐちけん》には、産卵《さんらん》がさかんになる7月、満潮時《まんちょうじ》の2時間ほどで、100つがい以《い》上《じょう》のカブトガニがやってくる浜《はま》もある。

次から次へ、波打ちぎわに「生きている化石」のペアが何組みもおとずれ、集団《しゅうだん》で産卵《さんらん》する光景《こうけい》が、足元に広がるのだ。

想像《そうぞう》をはるかにこえた数のカブトガニに、思わず息をのむ。日本にこんな光景《こうけい》があったただなんて、わたしたち家族は、心をわしづかみにされてしまった。

おちびちゃんを見つけるぞ！

午後は、カブトガニのおちびさんたちを見る、幼生観察会《ようせいかんさつかい》。

カブトガニの幼生《ようせい》がくらす干《ひ》がた。＊干潮時《かんちょうじ》に浜辺《はまべ》にあらわれる。

＊干潮《かんちょう》：海水が引いて、海面の高さがいちばん低《ひく》くなること。また、そのとき。

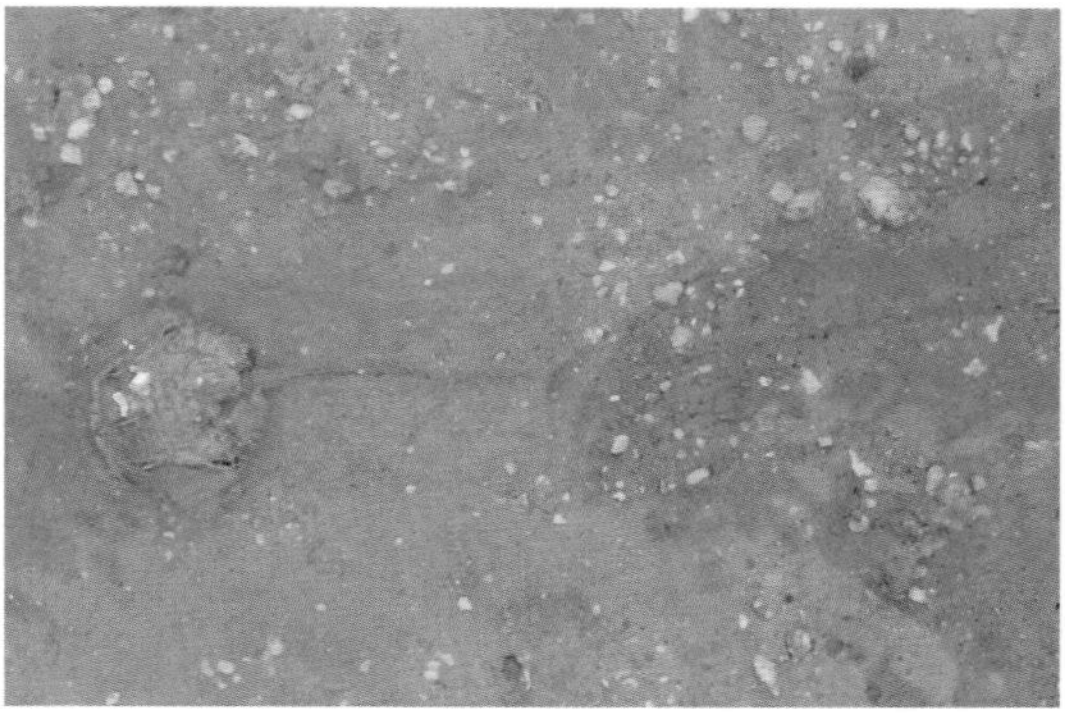

幼生《ようせい》が歩いたあとには、甲《こう》らやしっぽののこしたすじがつく。

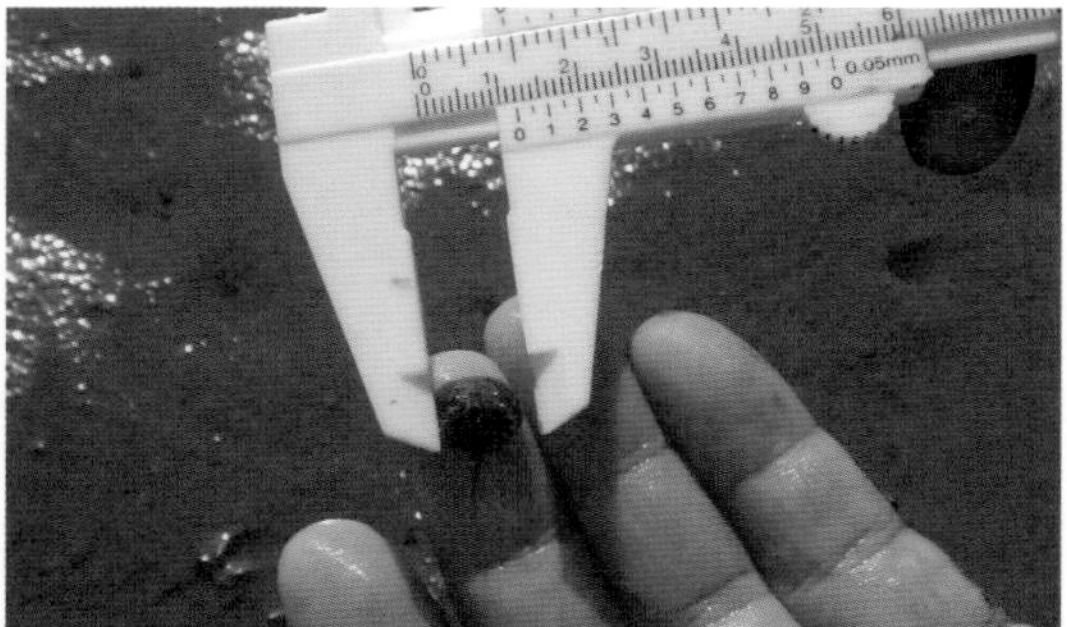

横はばの長さから、どれくらい成長しているのかがわかる。

幼生《ようせい》は干《ひ》がたでくらす。産卵観察《さんらんかんさつ》のあと、潮《しお》が引くのを待ち、同じ山口湾内《やまぐちわんない》の観《かん》察《さつ》しやすい干《ひ》がたへと場所をうつした。

コンクリート堤防《ていぼう》の階段《かいだん》をおりると、砂浜《すなはま》に大きな岩がごろごろ。岩の多い場所をぬけると、砂浜《すなはま》の先に、干《ひ》がたが広がっていた。

カブトガニは、卵《たまご》のときや、小さいうちにその多くが食べられてしまうそうだ。カブトガニの卵《たまご》や小さな幼生《ようせい》をえさにするのは、カラス、カモメ、シギ、サギなどの鳥類《ちょうるい》、魚類《ぎょるい》、カニなど。

だから、カブトガニの幼生《ようせい》は、潮《しお》だまりのあたりで、見つからないよう、どろをかぶったまま歩きまわっている。えさをさがしているのだ。

その歩いたあとのすじが、幼生《ようせい》を見つける手がかり。けれど、同じ干《ひ》がたにいる巻《ま》き貝《がい》などがのこしたすじと、見わけるのがむずかしい。ちがいは、カブトガニの歩いたあとは、3本の線でできていること。外側《そとがわ》の2本は、甲《こう》らのふちがつけた線。そしてその真ん中に、しっぽ(尾剣《びけん》という)の線がはいる。これが見つけるポイント。

参加者《さんかしゃ》はみんな、ゆっくり歩いては立ちどまったり、しゃがんだり。下を向いて、うろうろ。はじめはだれもが、幼生《ようせい》さがしに悪戦苦闘《あくせんくとう》する。

カブトガニは、すうっとまっすぐ進むわけではない。えさをもとめて、ぐにゃぐにゃ折《お》りかえすなど、せまい範囲《はんい》をぐるぐる動く。干《ひ》がたの土がきめ細かいと、それは、まるで小さな地上絵。太くくねった線のかたまりで、人間の脳《のう》や小腸《しょうちょう》の絵にも見える。その真ん中にのこる尾剣《びけん》のすじ。

そこに、小さなどろの山を見つけだす。じっと見ていると、そのどろ山が動きだす。

ほら、見つけた！

目がなれるまでは見つけづらいが、見つかりだすと楽しくてしかたがない。見つけたら、やさしく持ちあげて甲《こう》らの横はばをはかる。

カブトガニは、こちらがそっと持ちあげても、

ハツが見つけた6齢《れい》のカブトガニ。

体をキュッとカ強く、くの字に曲げて尾剣《びけん》を立てる。でも、刺《さ》しはしない。黒っぽいこげ茶色をしたカブトガニの幼生《ようせい》は、子どもの手の、指の腹《はら》サイズから手のひらサイズまでいろいろだ。

横はばの長さをはかるのは、何齢《なんれい》かを知るため。カブトガニは、ふ化・脱皮《だっぴ》をした回数で「○齢《れい》」とかぞえて、成長《せいちょう》をはかる。体長（甲《こう》らの先たんから尾剣《びけん》の先まで）を基準《きじゅん》としていないのは、小さいときは、尾剣《びけん》の長さがばらばらなためらしい。

たとえば、横はば14㎜《ミリ》の子は、4齢《れい》。52㎜《ミリ》の子は、8齢《れい》だ。ハツが、8齢《れい》を見つけたとき、ちょうどそのとなりに、横はば39㎜《ミリ》の脱皮《だっぴ》がらがあった。39㎜《ミリ》は7齢《れい》だから、おそらく、この8齢《れい》になった子の脱皮《だっぴ》がらだろう。運がいいと、脱皮《だっぴ》がらも手にはいる。

この日、わが家が見つけた幼生《ようせい》は、11ぴき。4齢《れい》から8齢《れい》のものだった。

このようにして、何齢《なんれい》なのかがわかるけれど、カブトガニの脱皮《だっぴ》は、1年に1回というわけではない。

まず卵《たまご》からふ化したら、１齢《れい》とかぞえる。寒くなると、活動をやめて動かなくなり（休眠《きゅうみん》）、次の初夏《しょか》に脱皮《だっぴ》をして２齢《れい》に。えさをちゃんと食べていれば、１か月ほどで脱皮《だっぴ》をして３齢《れい》になり、そこからまた１か月もすれば、４齢《れい》になるという。

原田先生が教えてくれる。

「10齢《れい》ぐらいまでは、干《ひ》がたにいます。カブトガニの幼生《ようせい》は、うまれた翌年《よくねん》、ひと夏だけで３、４回脱《だっ》皮《ぴ》をするんですよ。そして、10年弱ぐらいかかって、14回目の脱皮《だっぴ》をしたとき、オスになるものがでてきます。14回目でオスにならなかったカブトガニが、15回目の脱皮《だっぴ》をして、メスになるんです。おとな（成体《せいたい》）になるまではみんな、どちらかというと、メスの形なんですよ」

原田先生は、これまで20体以上《いじょう》を成体《せいたい》にしたそう

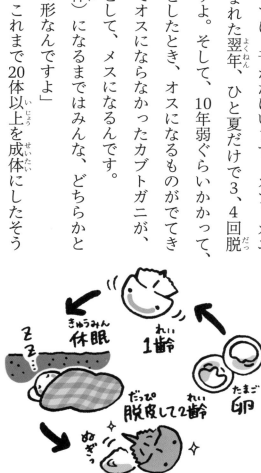

だけれど、そのうちオスのほうが、2対1の割合《わりあい》で多かったのだそうだ。

小さいときの脱皮《だっぴ》がらは、半透明《はんとうめい》でうす茶色。むしろ白っぽい。けれど、大きくなるにつれ、脱皮《だっぴ》がらもかたく、茶色になる。それを集めてずらりとならべると、それは見事だ。

ハツはこの年、3齢《れい》、5齢《れい》、7齢《れい》など、5個《こ》の脱皮《だっぴ》がらをひろってきた。

原田先生は、こう話していた。

「カブトガニは、脱皮《だっぴ》するおもしろさがありますねえ。一度の脱皮《だっぴ》でサイズが1・3倍ぐらい大きくなる。全身脱皮《だっぴ》しますよ。足もすべて、1本1本ぬいて出てくる。頭の先を上下にわって、そこから出てきます。ゆっくり、少しずつです。

呼吸《こきゅう》するエラも、すべて脱皮《だっぴ》します。成体《せいたい》のメスのエラをかぞえたことがあるんですが、約《やく》1500枚《まい》ありました。これらすべてを、1枚《まい》ずつ脱皮《だっぴ》するんです。

ですから、大きくなってくると、脱皮《だっぴ》にとても時間がかかる。最後《さいご》の脱皮《だっぴ》では、12時間から26時間ぐらいかかるかな。そのあいだに体力がなくなって、死んでしまうものもいる。カブトガニにとって脱皮《だっぴ》は、危険《きけん》ととなりあわせなんです」

原田先生のカブトガニミニ展示館《てんじかん》へ

その夏、カブトガニの魅力《みりょく》に引きこまれたわが家は、家族そろって、原田先生が設《もう》けている「山口カブトガニミニ展示館《てんじかん》」をたずねた。

そこは、昔ながらの農家の納屋《なや》をまるごと活用したギャラリー。木造《もくぞう》で、コンクリートの土間の床《ゆか》。まど明《あ》かりが、ガラスの展示《てんじ》ケースや、室内の水そうにさしこんでいる。

足元には、うまれた年ごとにカブトガニの幼生《ようせい》をいれた、浅《あさ》い水そうが、所せましとならぶ。ここは、飼育場《しいくじょう》もかねたものだった。なにより、入り口左手の巨大《きょだい》なブルーの水

そうが、どーんと目にはいってきた。ちょっとしたプールだ。ハツ、兄、姉の３人は、すぐにその大きな水そうにとびつき、ふちに、頭を乗せるようにして、のぞきこむ。砂《すな》がしきつめられた水そうには、つねに、ろ過装置《かそうち》を通って、きれいな海水が送りこまれている。

「すごいよ。カブトガニのつがいがいるよ」

兄がいうように、そこには、カブトガニが２ペア、ゆっくりと歩いていた。先生が卵《たまご》から飼育《しいく》して、成体《せいたい》にしたカブトガニたちだ。

水そうのなかでは、メスが前で、オスが後ろにつらなり、はなれることなく、砂《すな》の上をいっしょに移動《いどう》していた。にごりのない海水で見るカブトガニの甲《こう》らは、カーキ色にベージュがまざったような色だ。体の後ろの後体部分から出ているとげの、するどいこと。

そして、えさ用の二枚貝《にまいがい》が、青く四角いざるにいれられ、水面にうかせてあった。いつもつがいでくっついていると、えさを食べるときはどうやっているのだろう。

後ろのオスが、えさにありつけないような……。

兄も気になるらしく、原田先生にたずねた。

「オスは、どうやってえさを食べているんですか？」

「オスは、メスの食べこぼしを食べているんですよ」

「え――っ⁉」

兄もハツも、もちろん、わたしもびっくりだ。

「メスは、体が大きいし、卵《たまご》をつくらなくちゃいけないからでしょうね。たくさん食べるんですよ。

生きものにとって、親が子どもをのこすのは大きな目標《もくひょう》。カブトガニは、広い海でくらしているから、オスとメスが出会う機会《きかい》は、数多くないんだろうね。海はすごく広いからね。だから、一回出会うと、くっついて放さないんだよ」

原田先生がわらって続《つづ》けた。

「カブトガニを観察《かんさつ》していると、オスのほうが、メスにくっつきたがるんだよね」

おもしろいことに、つがいでいるときに、後ろのオスをつかまえると、前にいたメスはさっさとにげていくのだそうだ。でも、メスをつかまえても、オスは決してメスを放さないのだ、と聞いた。

カブトガニは、メスのほうがオスよりひとまわり大きい。メスは頭部の先たんから、細長い尾剣《びけん》の先まで体長60cm《センチ》ほど、オスは50cm《センチ》ほどだ。

原田先生のカブトガニミニ展示館《てんじかん》には、カブトガニのメスとオスそれぞれ、りっぱな標本《ひょうほん》があった。先生が、死がいを天日《てんぴ》に干《ほ》して、作った標本《ひょうほん》だ。

「カブトガニは、脱皮《だっぴ》をして、大きくなるんだけれど、オスの体は、メスより脱皮《だっぴ》が1回少ないから、ひとまわり小さいんだよ。しかも、メスにくっつくのにべんりなよう、甲《こう》らの先がへこんでいるんだよ」

標本《ひょうほん》を見るだけで、その頭のへこんだカーブが、メスの甲《こう》らのカーブと合うことがわかった。

「そしてメスは、後体の下にあるとげ（縁《えん》きょく）がオスより少なく、オスがしが

カブトガニの体

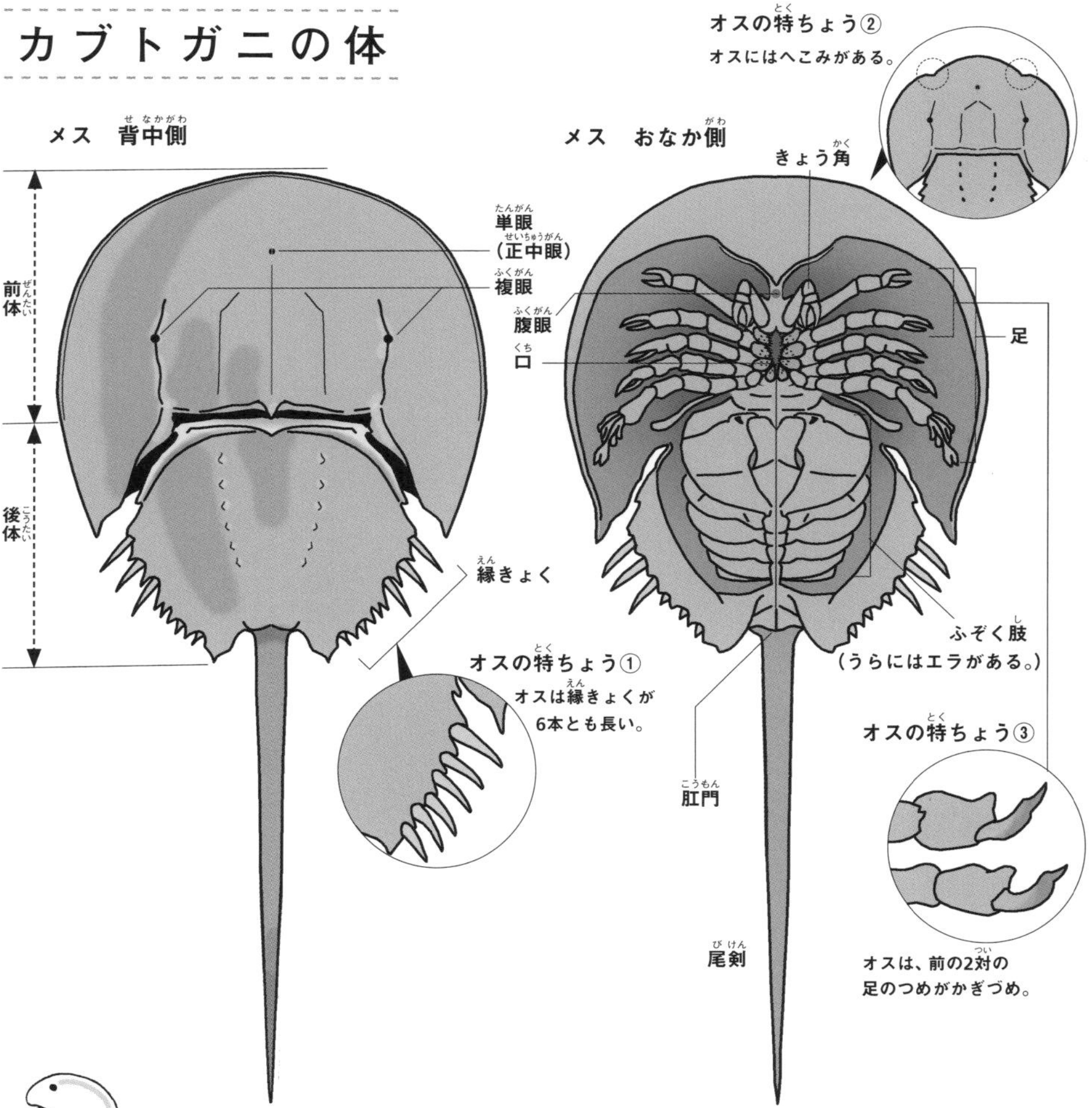

もっと知りたい カブトガニ❶ ～生態《せいたい》のふしぎ～

◆ 体長：メス60cm《センチ》、オス50cm《センチ》　体重：メス3kg《キロ》　オス1.5kg《キロ》

体のつくり：目が5個《こ》。甲《こう》らの左右に2個《こ》の複眼《ふくがん》、先たんに2個《こ》の単眼《たんがん》（正中眼《せいちゅうがん》）、おなか側《がわ》に1個《こ》の腹眼《ふくがん》（光を感じる目）。ヘルメットのようなかたい甲《こう》らを持ち、前体《ぜんたい》と後体《こうたい》でできている。おなか側《がわ》の前体《ぜんたい》に、きょう角《かく》1対《つい》（2本）と足5対《つい》（10本）、口が足のつけ根のまん中にあり、後体にエラが約《やく》1500枚《まい》ある（成体《せいたい》メス）。

食べるもの：二枚貝《にまいがい》、ゴカイなど（幼生《ようせい》はプランクトンなども食べる）。

みつきやすいようになっているんだ。オスは、後体のとげが左右6本ずつとびだしているのに、メスは3本ずつでしょう。メスは最後《さいご》の脱皮《だっぴ》で、後ろ3本のとげが短くなるんだよ」

家族みんな、標本《ひょうほん》に目がくぎづけだった。

「オスの足の、上から2対《つい》を見てごらん。ほら、この2対《つい》の足先は、小さなときはハサミだったんだけど、メスにしがみつきやすいように、最後《さいご》の脱皮《だっぴ》で形をかえたんだよ。

オスは体そのものが、メスの体にしがみつきやすいようにできているんだ」

オスの足は上から2対《つい》が、ハサミではなく、なべつかみの手袋《てぶくろ》のようなかぎづめになっている。オスの体がメスにくっついて、はなれないような形にまで、進化しているとは……。あまり知られていないカブトガニのユニークな世界に、わたしたちは目を見はった。

カブトガニのオスが、広い海のなかでどうやってメスを見つけているのか、まだわかっていないのだそうだ。

「目はね、カブトガニは、5個《こ》もあるんだよ」

先生は標本《ひょうほん》を指さした。甲《こう》ら左右両側《りょうがわ》に、複眼《ふくがん》がそれぞれ1個《こ》ずつ。これはトンボの目のように、小さな目がたくさん集まったもの。そして、甲《こう》らの前方の真ん中にも、小さな目が2個《こ》、ならんでついている。こちらは、単眼《たんがん》で光を感じる目（正《せい》中眼《ちゅうがん》）。さらにおなか側《がわ》にも。5対《つい》の足のいちばん上に、えさを食べるための足（きょう角《かく》）が1対《つい》あって、そのあいだにぽつんと目が1個《こ》ある。こちらも、光を感じる目で腹眼《ふくがん》という。これらの目で、メスを見わけているのかもわからないそうだ。

そして、カブトガニは、足でにおいがわかるらしい。まだまだなぞがいっぱいだ。

わたしたち家族5人は、次つぎと原田先生に質問《しつもん》をした。その度《たび》、先生はいやな顔ひとつせず、標本《ひょうほん》や脱皮《だっぴ》がらや、これまでの調査結果《ちょうさけっか》、また展示《てんじ》をしている写真などを使って、教えてくれた。

とつぜんの訪問《ほうもん》にもかかわらず、原田先生はずっと笑顔《えがお》だった。

2 カブトガニがわが家にやってきた

卵《たまご》たち、マンションに来る！

２０１７年、この夏もわたしとハツは、お父さんと姉をさそい、原田先生が開くカブトガニ幼生観察会《ようせいかんさつかい》に参加《さんか》した。ハツは小学3年生になった。

夏のさかりの8月6日、昼の12時半。２年生のときに参加《さんか》した干《ひ》がたと、同じ場所だ。山口湾《やまぐちわん》のコンクリートの堤防《ていぼう》のそばに車をとめ、階段《かいだん》をおり、海へ向かった。

このとき、わが家は44ひきのカブトガニの子どもを見つけ、サイズをはかることができた。横はば15㎜《ミリ》から、30㎜《ミリ》前後が多く、最大《さいだい》で48㎜《ミリ》のサイズ。これは4齢《れい》から8齢《れい》。うまれて2~3年のものが多かった。

観察会《かんさつかい》を終え、帰りじたくをしていたときだった。

スコップを手にした原田先生が、カブトガニ研究会のメンバーたちとともにふたたび浜《はま》辺《べ》におりて、コンクリートの堤防《ていぼう》の下を何か所かほっている。産卵場所《さんらんばしょ》のチェックがてら、卵《たまご》を参加者《さんかしゃ》に見せてくれるらしい。わたしたちもあわてて、階段《かいだん》をかけおりた。

「カブトガニがこのあたりに産卵《さんらん》しているんですよ」

カブトガニの卵《たまご》があった、コンクリート堤防《ていぼう》ぎわの砂浜《すなはま》。

先生がスコップでほりかえしていたのは、コンクリート堤防《ていぼう》ぎわの砂浜《すなはま》。人間が、陸《りく》と海を分け、「海はここまで」と区切りをつけた場所だ。

どうして、こんなところに卵《たまご》？

産卵観察会《さんらんかんさつかい》が開かれる海岸は、ここから少しはなれた場所。1年前に見たとき、そこでは満潮時《まんちょうじ》、カブトガニは、波打ちぎわの砂浜《すなはま》で産卵《さんらん》していた。

けれど今、幼生観察会《ようせいかんさつかい》でおとずれている、この場所は、満潮時《まんちょうじ》には砂浜《すなはま》もすっぽり海のなかになってしまう。

原田先生は続《つづ》けた。

「カブトガニは、満潮《まんちょう》のときに来て、砂浜《すなはま》のできるだけ陸《りく》に近い場所で卵《たまご》をうもうとするんです。そうすれば、魚に食べられたり、海のなかへ卵《たまご》が流れでたりすることをふせげて、卵《たまご》が安全なんです。

でも、こうしてコンクリートの堤防《ていぼう》があると、これ以上《いじょう》、先へ行けない。だから、しかたなくこの堤防《ていぼう》の、ぎりぎりのところでうむんですよ」

先生の予想は正しかった。スコップで何回か砂《すな》をほると、カブトガニの卵《たまご》が、ごそごそと見つかったのだ。のこっていた参加者《さんかしゃ》たちも、卵《たまご》を観察《かんさつ》するために集まってきた。

「白くてきれい」

「まあ、たくさん」

「すごーい」

研究会のメンバーのお兄さんが、持ってきていた容器《ようき》にいくつかをいれてじっくり見せてくれた。

わたしたちは、卵《たまご》を見るのははじめてだった。

1年前の産卵観察会《さんらんかんさつかい》では、カブトガニのつがいを上からながめただけで、砂《すな》のなかまで見ていなかったからだ。

透明《とうめい》な膜《まく》でできた卵《たまご》が、太陽の光に照《て》らされ、

白いカブトガニの卵《たまご》。

きらきら光っている。

「もう、卵《たまご》のなかに、白いカブトガニの赤ちゃんが見える！」

ハツの声に、原田先生が笑顔《えがお》になった。

「家で、卵《たまご》をふ化させてみたら？　海水さえあれば、だいじょうぶ。うまれてから、ちゃんと海にかえせばいい。たのもしいお父さんもいるし、できるよ」

「えっ？　卵《たまご》をおうちに持ちかえってもいいんですか？」

先生の言葉に、ハツはおどろいている。

そんなことできるの？　わたしの頭のなかも、不安《ふあん》と好奇心《こうきしん》がごちゃまぜだ。

「この山口湾《やまぐちわん》にもどしてくれるならね。毎日海水をかえれば、育てられますよ。1齢《れい》は、えさをまだ食べないからね。えさをあたえられるなら、冬には眠《ねむ》らせて、来年の夏には、2齢《れい》や3齢《れい》にまで育てられるよ」

先生は、にこにこしっぱなし。

「先生、海水は、たしか関門海峡《かんもんかいきょう》のところに、かんたんに海水が取れる場所があるんでしたよね」

わたしは、しんちょうにたずねる。

「ええ、関門海峡《かんもんかいきょう》のトンネルの内部では、じわじわしみだしてくる海水を排水《はいすい》させていて、蛇口《じゃぐち》をひねると海水が出てくる場所があるんですよ。関門橋《かんもんきょう》のたもとの近く。そこに行けばいいですよ」

気がつくと、ハツはいつの間にか、卵《たまご》がはいった容器《ようき》をしっかりと手にしていた。そしてこっちを見て、にかっとわらった。

「今年の自由研究、これに決めた！」

卵《たまご》を育てる注意点

卵《たまご》を見てみると、直径《ちょっけい》4㎜《ミリ》ぐらいの透明《とうめい》な膜《まく》のなかにはもう、ミルク色の、カブトガニの形になった赤ちゃんがいる。

原田先生の見立てでは「6月の終わりごろにうんだものじゃないか」ということだった。産卵《さんらん》から50日ほどでふ化するという。

わが家で、貴重《きちょう》な生きものの卵《たまご》をあずかる以上《いじょう》、ぼんやりしてはいられない。先生からのアドバイスを、あわててメモする。

卵《たまご》のあつかいかたメモ

・卵《たまご》は、自然界《しぜんかい》では砂《すな》のなかですごすわけだから、太陽の光には当てなくていい。
・海水を用意すること。卵《たまご》をいれた海水をくさらせないよう、毎日水かえをする。

・あみ戸用のあみなどを用意。そのあみの上に乗せて飼育《しいく》すれば、海水をかえるときにべんり。
・海にかえすときは、この山口湾《やまぐちわん》の海へ。これは、すむ場所がちがう生きものを、勝手に人の手でまじらせないため。
・卵《たまご》からふ化すると、1齢《れい》とかぞえる。
・1齢《れい》で海にもどすなら、カブトガニが動ける気温が高い9月の終わり、せめて10月はじめまでに。
・1齢《れい》の幼生《ようせい》は、寒くなると、干《ひ》がたのどろにもぐって冬をこす（休眠《きゅうみん》）。
・休眠《きゅうみんよう》用の干《ひ》がたのどろは、どこの干《ひ》がたのものでもよい。
・干《ひ》がたのどろには浄化《じょうか》作用（自然《しぜん》ときれいにする力）があって、ひと冬置《お》いていてもくさらないが、水分が蒸発《じょうはつ》する。
・蒸発《じょうはつ》した水分は、真水《まみず》でおぎなうこと。塩分《えんぶん》がたまっていくので、海水ではだめ。
・2齢《れい》になるのは来年の初夏《しょか》（5〜6月ごろ）。それまで脱皮《だっぴ》はしない。

・2齢《れい》になるまでは、えさはいらない。
・1齢《れい》の脱皮《だっぴ》がらは、なかなか自然界《しぜんかい》では見つけられないから、2齢《れい》まで飼《か》うと手にいれられる（ラッキー！）

その日、家に帰って卵《たまご》をかぞえてみたら、50個《こ》以上《いじょう》あった。メスは一度に200～300個《こ》ほどうむというから、その一部をあずかったわけだ。

そのうち、ふ化しそうな卵《たまご》は49個《こ》だった。なかにいるのは、乳白色《にゅうはくしょく》の丸みをおびた、カブトガニの赤ちゃん。小さなホワイトチョコチップのようにも見える。じっと見ていると、おもしろいことに、膜《まく》のなかで白いカブトガニの赤ちゃんたちが、くるくるくるくるまわっている。そして、足をもぞもぞ動かしている。そのせいか、ときおり卵《たまご》そのものが、ふわっと海水にういて、少しばかり場所をうつす。透明《とうめい》な球体の乗りものに乗りこんだ、白い小さな生命体が、回転運動をしながら、ぽよんぽよんと移動《いどう》する。卵《たまご》に弾力性《だんりょくせい》があり、あらい砂《すな》のなかでもつぶれないなん

卵《たまご》の透明《とうめい》な膜《まく》ごしに、小さなカブトガニの赤ちゃんが見える。

て、すごくふしぎ。

あずかった卵《たまご》のなかには、無精卵《むせいらん》もあるようだった。

カブトガニは、魚と同じように、メスがうんだ卵《たまご》にオスが精子《せいし》をかけているだろうと考えられている。無精卵《むせいらん》は、うまく受精《じゅせい》ができなかった卵《たまご》で、赤ちゃんに育たない。それは、２～３㎜《ミリ》ぐらいに丸めた黄色味をおびた白あんこを、半透明《はんとうめい》のうすいゼリーでつつんだような感じだった。

この貴重《きちょう》な生きものを、ぶじふ化させて、海にかえせるのか。ハツをはじめ、わが家のメンバーたちはドキドキしていた。

まずは、海水を20ℓ《リットル》いりのポリタンクで取りに行き、毎日、卵《たまご》をいれた容器《ようき》の水を取りかえることにした。わたしたち家族は、観察会《かんさつかい》からもどって、ひと息つきたい気持ちをおさえ、大急ぎで準備《じゅんび》に取りかかった。

名前は「かぶこ」

海水の次は、ふ化させるための容器《ようき》さがしだ。

カブトガニの小さな卵《たまご》たちに、大きな水そうは不要《ふよう》だった。食器《しょっき》だなから、水そうの代わりになりそうな、大きめのタッパーをさがしだす。たての長さ約《やく》18㎝《センチ》、横は約《やく》24㎝《センチ》。学校で使うB《ビー》5サイズのノートぐらいの大きさだ。深さは8㎝《センチ》。

それから、あみ戸用のあみの切れはしが、家にあることを思いだした。ハツが、あみをタッパー水そうの底《そこ》より少し大きめの長方形に切り、なかにいれてしいた。

わたしたちは、あみを持ちあげやすいよう、少しずらし、角が容器《ようき》からとびでるように置《お》くことにした。

こうすれば、あみをかんたんにつかめるし、しんちょうに両手で持ちあげれば、あみから卵《たまご》がこぼれおちる心配もない。

そこに、海水を3〜4㎝《センチ》ほどの高さまでいれた。量《りょう》にすると、500㎖《ミリリットル》のペットボトル2〜3本分ぐらい。卵《たまご》をあずかったとき、いっしょに仮容器《かりようき》にはいっていた少しの砂《すな》とともに、タッパーにうつした。

ひとまず、タッパー水そうは、エアコンのない室内に置《お》いた。ベランダでカラスに見つかって、食べられてはかなわない。

ふ化させないまま、死なせるわけにはいかなかった。透明《とうめい》の膜《まく》は、ぼよんとはずみそうな、ほどよいやわらかさだ。このなかに、白い未来《みらい》がとじこめられている。

気がつくと、青い闇《やみ》があたりを包《つつ》んでいた。わが家のまどからこぼれる明かりは昨日《きのう》とかわらないけれど、その明かりの下では、新しい世界が幕《まく》を開けていた。

といっても、できることは、いたってシンプル。毎日タッパーのなかの海水をいれかえるだけだ。あみを持ちあげて、はいっていた海水をすて、新しい海水をポリタンクからいれる。

関門《かんもん》トンネルから出る海水は、ろ過《か》されているため、1か月ほどポリタンクにいれたままでも問題ないのだそうだ。2週間に1回のペースで、関門海峡《かんもんかいきょう》のトンネル排水《はいすい》のところへ海水をもらいにいけばいい。

日中、わたしたちの目がとどくときは、タッパー水そうをベランダに置《お》き、世話をはじめた。ハツが、水かえをしながら卵《たまご》に話しかけている。

「かぶこ〜。水かえですよ」

「ね、ハツ。オスもいるかもしれないのに、『かぶこ』って名前はないんじゃない？」

「お母さん、カブトガニは15齢《れい》でオスになるまでは、みんなメスなんだよ。だから『子』がつく名前でもおかしくないんだよ」

なるほど。「メス」といいきるには、少し強引だが、オスとメスのちがいは、成体《せいたい》にならないと出てこない。しかも、幼生《ようせい》の足の形はメスと同じだ。

名前は、みんなまとめて「かぶこ」になった。

まもなく、かぶこは卵《たまご》からかえって、赤ちゃんカブトガニとなる。そして秋が来たら、海にかえすことになる。そう、わたしたちは思っていた。

わが家のベランダには、先の住人である、メダカとクサガメがいる。けれど、カブトガニの卵《たまご》は、ペットのメダカやクサガメとはちがう。かぶこたちは、大自然《だいしぜん》からあずかったもの。きちんともどすことが、責任《せきにん》ある行動だ。

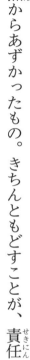

かえさなければならないからこそ、自然《しぜん》の神秘《しんぴ》をわたしたちに見せてくれる、このしばしの時間を大事にしたかった。

卵《たまご》が大きくなる！

かぶこたちは元気いっぱい。卵《たまご》のなかで、足をわしゃわしゃと動かしながら、くるくるとせわしなくまわる。よく見ると、後ろ向きにまわっている。

水かえのため、卵《たまご》の下にあみ戸用のあみをしいたことが、うまい具合に観察《かんさつ》にも役立った。なぜなら、あみ目の1マスがちょうど1㎜《ミリ》だったからだ。かぶこたちを撮影《さつえい》した写真を見れば、おおよそのサイズもはかることができた。

卵《たまご》がやってきた翌日《よくじつ》、8月7日からハツは、自由研究用に観察《かんさつ》絵日記をつけた。

「8月7日　むせいらんは、カブトガニの形をしていません。

大きさは３㎜《ミリ》。

また、つぶれているのか、きけいなのか、カブトガニの形になれていないものもいました。

ここでは、むせいらんと書きましたが、死んだたまごかもしれません。

生きているたまごの大きさは、４～５㎜《ミリ》。

赤ちゃんは白くて、まくはとう明。

せなかがわの左右に目のてんてんがあります。くるくるしっぽからまわります。もうおなかがわに足もできています。」

本で調べると、産卵時《さんらんじ》には、卵《たまご》を包《つつ》んでいた透明《とうめい》でかたい膜《まく》「外卵膜《がいらんまく》」があり、これは

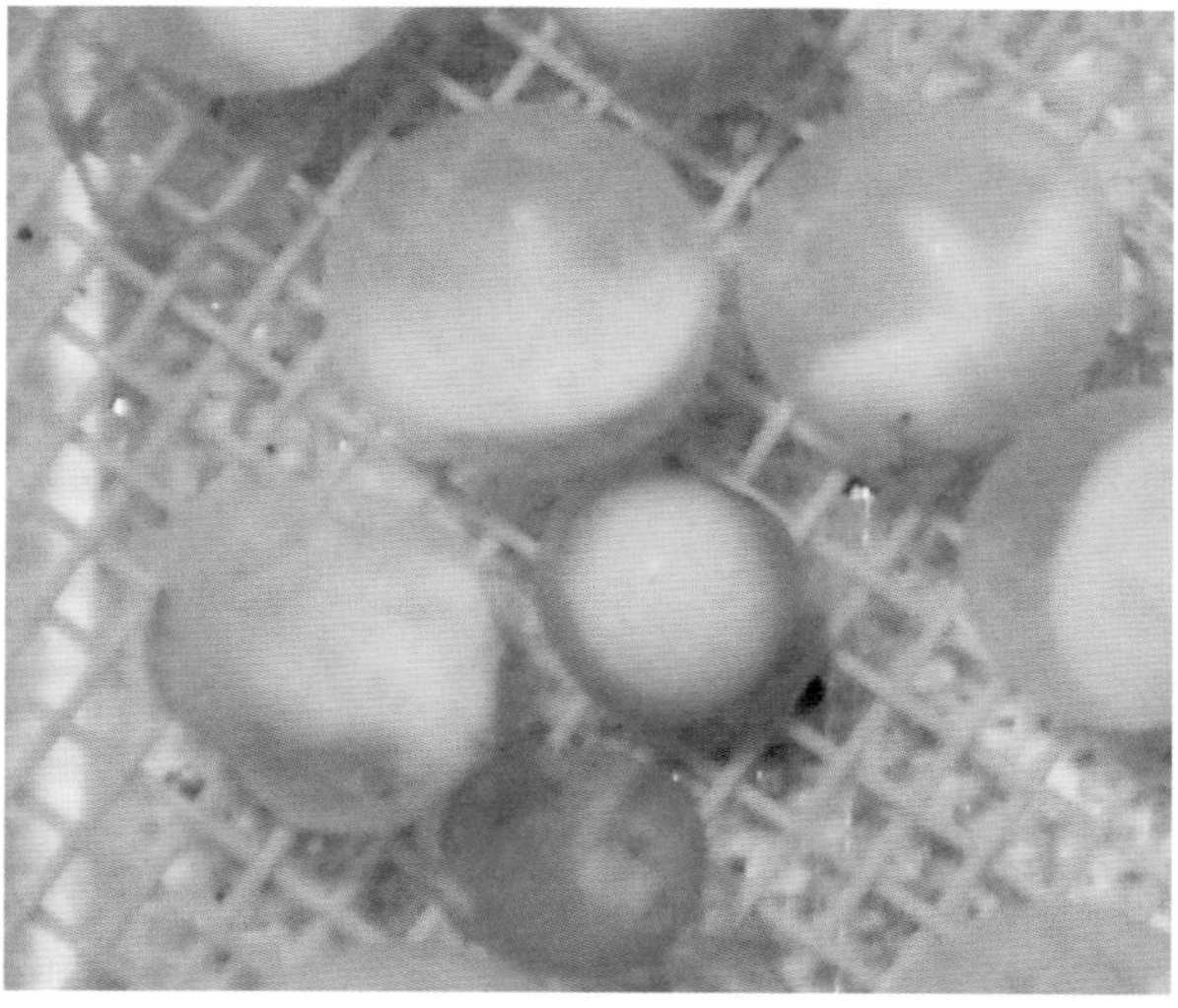

受精後《じゅせいご》25日ほどで、やぶれて取れるという。

たしかに、卵《たまご》を持ってかえってきたとき、砂《すな》とともに、まるでくす玉わりをしたかのような、半分にわれたうす茶色の透明《とうめい》な膜《まく》が、いくつかまじっていた。直径《ちょっけい》は3㎜《ミリ》もなく、回転中の卵《たまご》とくらべると、ずいぶん小さく見えた。

今、目にしているのは「内卵膜《ないらんまく》」というもの。最初《さいしょ》は、半透明《はんとうめい》だったものが、成長《せいちょう》とともに、透明《とうめい》になっていく。そのおかげでわたしたちは、なかのかぶこをかんたんに観察《かんさつ》することができた。

この弾力性《だんりょくせい》のある透明《とうめい》な膜《まく》は、まわりの海水を取りこめるのだそうだ。だから、干潮《かんちょう》になり、海水が引いてしまっても、卵《たまご》のなかに海水をたくわえておける。そして満潮時《まんちょうじ》、卵《たまご》はまた、きれいな海水をすいこみ、ふくらむ。

これは、すごい技《わざ》だ。カブトガニは、より安全な場所で卵《たまご》が育つことができるよう、卵《たまご》そのものが、環境《かんきょう》にあわせて変化《へんか》できる力《ちから》を持っていた。

あずかって4日目、8月10日をすぎると、卵《たまご》の大きさは、5㎜《ミリ》をこえた。卵《たまご》が、

かぶこの成長《せいちょう》にあわせ、大きくなってい
る。そして、かぶこたちは、どんどん体
の後ろの部分の後体《こうたい》が広くなり、目につ
くようになってきた。
尾剣《びけん》が短く、はば広の扇《おうぎ》のような後体《こうたい》
部分がしっかりとあることで、「三葉虫《さんようちゅう》
型幼生《がたようせい》」といわれている。三葉虫《さんようちゅう》は、カ
ブトガニの祖先《そせん》。これはあとで、くわし
くみていく。
そもそも卵《たまご》のなかで赤ちゃんが回転し
て、しかも、卵《たまご》そのものが大きくなるな
んて、聞いたことがない。
なんてふしぎな生きものなのだろう。

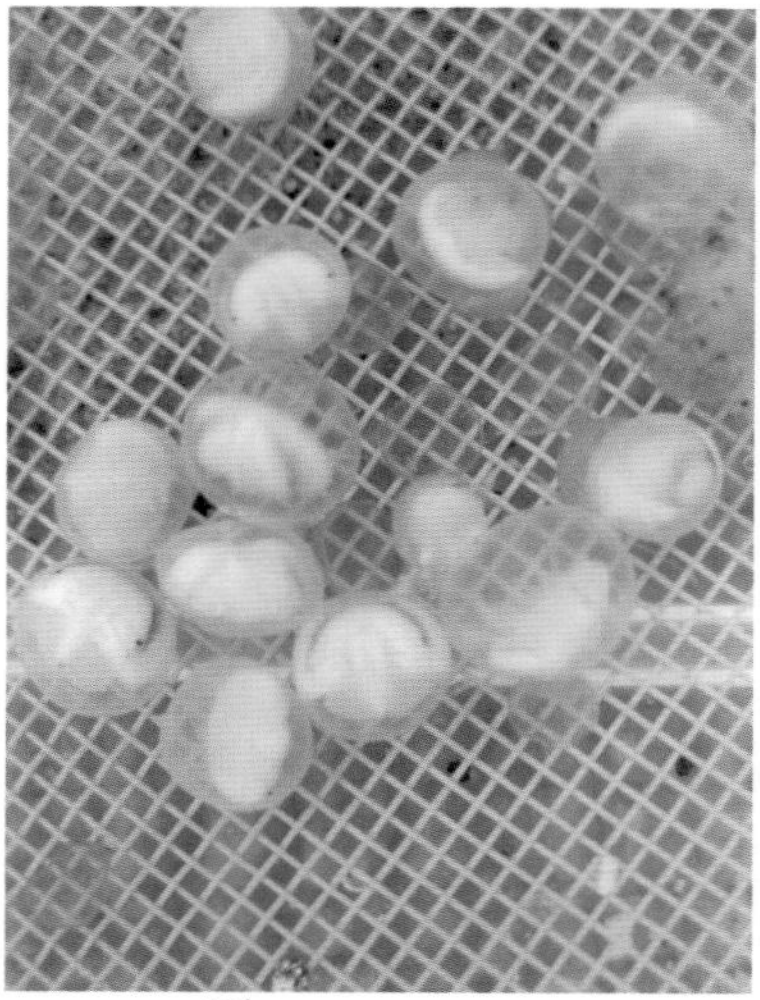
8月14日の卵《たまご》のようす。4日前より、体の
つくりがはっきり見えるようになった。

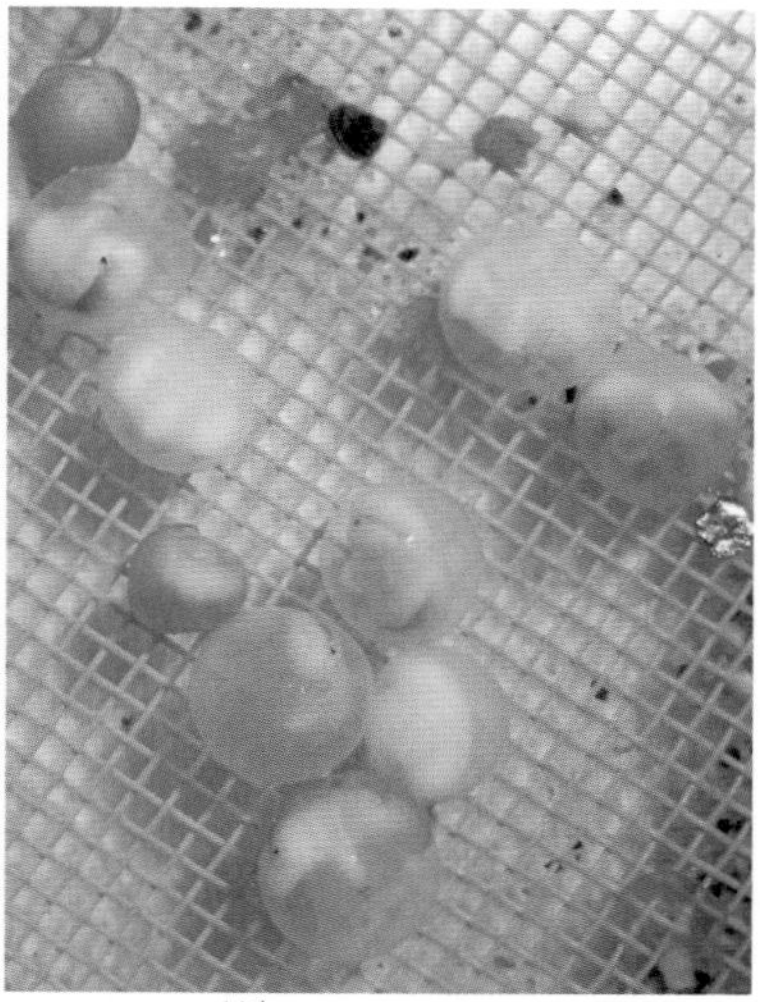
8月10日の卵《たまご》のようす。

ニワトリなどの鳥や、カメやカエル、メダカだって卵《たまご》をうむけれど、ふ化するまで卵《たまご》の大きさはかわらない。

そんな能力《のうりょく》とは打ってかわって、早くもできあがっているカブトガニの甲《こう》らにあるふたつの目は、なんともかわいらしい。茶色のすじが、左右の目をつなぐかのように、半円をえがいている。ホワイトチョコに、細いチョコペンでラインをかいたみたいだ。

ハツの観察《かんさつ》も続《つづ》き、後体部分に「ギザギザがある」といった、気づいた点も記録《きろく》していった。変化《へんか》は、ゆっくりと、けれども、確実《かくじつ》に進んでいた。

かぶこ、まわらなくなる

家に来て10日をすぎた8月17日ごろから、膜《まく》のなかでくるくるまわっていたかぶこたちが、まわらなくなった。足が、ごにょごにょ動きはするものの、回転が止まってしまった。

弱ってきたのか、もうふ化するのか。わたしたちは、急いでカブトガニに関《かん》する本をめくった。

「ふ化する前は、回転《かいてん》が止まるのでいいみたいだよ」

わたしは、不安《ふあん》そうなハツに伝《つた》えた。

ますますふしぎなことに、カブトガニはふ化する前、卵《たまご》のなかで、4回も脱皮《だっぴ》をしているのだという。撮影《さつえい》した写真を拡大《かくだい》してみると、卵《たまご》のなかに、半透明《はんとうめい》の膜《まく》のかすのような、ひらひらしたものが見える。

カブトガニは足をごにょごにょさせ、回転するため、卵《たまご》のなかのひらひらも、小さく細かくやぶかれ、いつしかとけだしてしまうようだ。

膜《まく》のなかで4回目の脱皮《だっぴ》を終えると、体は大きくなり、きゅうくつになるため、なかで運動しなくなるの

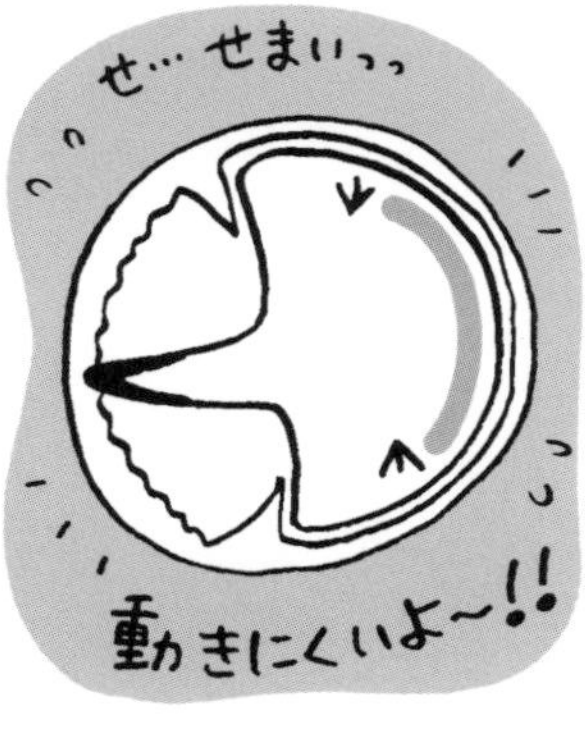

だそうだ。それから7～10日して、膜《まく》をやぶって、誕生《たんじょう》。ふ化だ。
そして、横はば5～6㎜《ミリ》のカブトガニ1齢《れい》となる。

「8月21日　2ひきうまれた。おなかを上にしておよいでいる。この日、ついにうまれた」

心配をよそに、かぶこがいつしか卵《たまご》の膜《まく》をやぶって、すいすい、ぴろぴろと泳ぎだした。腹《はら》を上にしたり、背《せ》を上にしたり。いろいろだ。

「泳ぎが最初《さいしょ》からうまいねー」と、ハツは感心している。

ハツは、8月最後《さいご》の日まで観察記録《かんさつきろく》を続《つづ》け、最後《さいご》の「まとめ」にこう記した。

「カブトガニがわたしの家に来て、25日間かんさつしました。
その間に、カブトガニがうまれました。

うみたてのたまごの大きさは、3㎜《ミリ》ぐらいですが、うまれる前は、6㎜《ミリ》ぐらいになっていました。たまごじたいが大きくなっていたので、びっくりしました。

産卵日《さんらんび》が同じはずなのに、早いのは8月21日にふ化し、おそいのは10日すぎた8月31日でも、まだふ化していません。

見ていると、たまごの大きさに差《さ》ができていました。

小さいのと大きいのがいます。大きいほうが、先にうまれてきました」

続《つづ》けて「かんそうとかだい」には、こうある。

「ひがたのどろをとってくるのは、できるので、らい年の夏まで、かおうと思います。しかし、お父さんからきょかが出るかはわからないので、お父さんをせっとくします。

カブトガニがぜつめつしないよう、手だすけをするけんきゅうをしたいです」

夏休みの最後《さいご》の日、わたしとハツは、うまれた赤ちゃんや、まだふ化しない卵《たまご》の数をかぞえた。

8月6日に生きていた卵《たまご》は49個《こ》。8月末《まつ》で、まだふ化していないのは9個《こ》。と

8月22日にうまれた、1齢《れい》のカブトガニ。

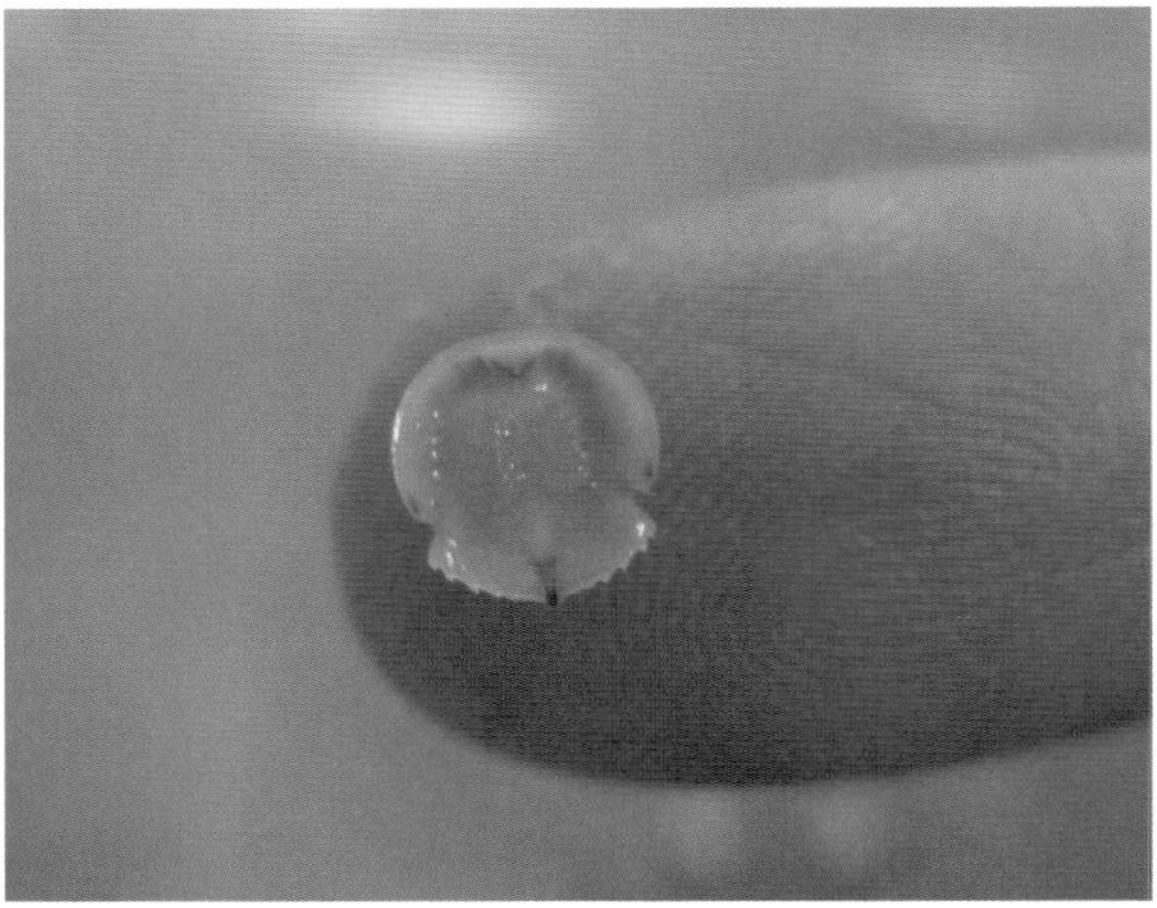

おとなの人さし指に乗せたところ。体の横《よこ》はばは、約《やく》6㎜《ミリ》。

ちゅうで成長《せいちょう》が止まったと見られる卵《たまご》が3個《こ》。1齢《れい》のカブトガニは37ひき。そして9月にはいって、さらに数ひきがふ化した。けれど、最後《さいご》までかえらないものもいた。

秋の風ふく

1齢《れい》になったかぶこたちは、えさを食べない。まだ、体のなかに卵《たまご》のときの養分《ようぶん》が、のこっているからだという。そして、秋が来ると、かぶこたちは活動を止める。カブトガニが活発に活動する時期は、5～10月ごろだけだ。そのため、家で飼《か》いつづけるならば、もぐって眠《ねむ》れるよう、干《ひ》がたのどろを用意しなければならない。

来年の初夏には、脱皮《だっぴ》をして、2齢《れい》になる。2齢《れい》になると、えさを食べはじめる。動物性《どうぶつせい》プランクトンなどのえさを用意するのは、たいへんだ。だから、秋が深まる前に、海にかえしたほうがいいかもしれない。

けれど、ハツにきいてみても「かえしたくない。うちで冬ごしさせる」の一点張《いってんば》りだ。「かえしたら、鳥に食べられちゃうもん」

自然《しぜん》のなかでは、小さな幼生《ようせい》は、海辺《うみべ》におとずれるシギやサギ、カラスなど鳥に食べられてしまうため、多くは生きのこれない。人の手でふ化させて、少し大きくしてから海にもどせば、生きのこる数はそれよりずっと多いだろう。

だから、もうしばらく、せめて春までここで飼育《しいく》したほうがいいのではないか、とも思いはよぎる。干《ひ》がたのどろを取ってきて、そこで眠《ねむ》らせるぐらいなら、きっとわたしたちにもできるはずだ。

9月末《まつ》、秋の風が家のベランダをふきぬけるようになった。メダカはまだ、元気に泳いでいる。クサガメも動いているけれど、食欲《しょくよく》が落ちてきた。彼《かれ》らは、明らかに冬眠《とうみん》の準備《じゅんび》をしはじめている。

かぶこたちは？

このころ、かぶこたちがはいった水そうタッパーは、家のなかでいちばん光がさない玄関《げんかん》に置《お》いていた。

かぶこたちは、あみの下やあみにしがみついて、じっとしている。水かえのためにベランダに出して、日光に当てると、あいかわらずぴろぴろと泳ぐ。光をあびるとかくれようとするのか、すぐに泳ぎだす。

けれど、もう気温は低《ひく》くなる一方だ。海水温が15～16度ほどになると、どのカブトガニも休眠《きゅうみん》するという。

かぶこ、そろそろ眠《ねむ》る用意をしようか。

10月最初《さいしょ》の日曜日、肌寒《はだざむ》いくもりの日。家族5人そろって、干《ひ》がたがあるもよりの海岸、下関市《しものせきし》の千鳥浜《ちどりはま》へ足を運んだ。

かぶこたちは山口湾《やまぐちわん》にうみつけられた子だが、冬をこすためのどろはどこの干《ひ》がたのものでもよいと、原田先生から聞いていた。

とはいってもこのあたりの海岸線は、どこもコンクリートの堤防《ていぼう》でかこまれている。わたしたちは最終下水処理場《さいしゅうげすいしょりじょう》が近くにある場所で、干《ひ》がたへおりていける階段《かいだん》を見つけた。長《なが》ぐつにはきかえ、どろを取るため、シャベルとバケツを手にし、おりていった。

「下水処理場《げすいしょりじょう》のすぐ近くでも、カブトガニは、いるのかな」

ハツがきく。

「うん、どうだろうね。カブトガニが1ぴきでもここにいるのがわかったら、この場所のどろでOK《オーケー》ってことで、取って帰れるんだけれど」

「お母さん、脱皮《だっぴ》がらはあるかもよ。脱皮《だっぴ》がらがあったら、ここにも幼生《ようせい》はすんで

いるってことだよね！」

兄、姉、父もいっしょになって、まずは秋の干《ひ》がたでカブトガニの脱皮《だっぴ》がらさがしだ。雨までふってきた。人が見たら、雨のなか、あの家族はいったいなにをしているのだろう、とあやしまれそうな、季節《きせつ》はずれな行動だ。頭やかたにふってくる10月の雨は、もう冷《つめ》たかった。

秋だけれど、脱皮《だっぴ》がらはまだのこっているのだろうか。

「あったよ！」

しばらくすると、ハツが満面《まんめん》の笑《え》みで近づいてきて、手のひらに乗せた脱皮《だっぴ》がらを見せた。

「では、ここのどろをいただきまーす！」

わたしたちは、小さなシャベルをざくっと干《ひ》がたのどろにさしこんだ。海水がにじみだしてくる。海水もろとも、干《ひ》がたのどろをすくった。

干《ひ》がたのどろは、つぶが細かくて黒い。たっぷり海水をふくんだどろは、重かった。バケツに深さ10㎝《センチ》ほどどろをいれた。

冬が来る

家に帰り、わたしとハツは、さっそくどろを、かぶこたちの家であるタッパー水そうにしきつめた。この間、かぶこたちは、しばしべつの水そうで待機《たいき》。どろの量《りょう》は、どのくらいがよいかわからなかったが、4～5㎝《センチ》ほどの深さにした。どろをすくう際《さい》にはいった海水も、いっしょにいれる。どろの表面が空気にふれない程度《ていど》、ひたひたに。

「ハツ、休眠《きゅうみん》させる前に、かぶこをかぞえよう」

40ぴきだった。卵《たまご》のままのものもいた。しかし、もう10月。わたしとハツは、かえらなかった卵《たまご》だと判断《はんだん》した。

待機《たいき》させていた水そうをななめにして海水をすて、かぶこたち40ぴきを、タッパー水そうのどろの上へ、少量《しょうりょう》の海水とともにそっとうつす。

おどろいたのは、そのあと。

かぶこたちはあっという間に、どの子もいやがることもなく、どろのなかに消えてしまった。頭からずずずっとばかりにつっこんで、もぐっていった。少しばかり、からだをゆらしながら。

どろの上の水は、かぶこたちをいれてにごったものの、少しずつどろがしずみ、やがて表面が見えてきた。１ぴきだけ、どうももぐる力がないのか、うっすらすがたが見える。

わたしたちは、タッパー水そうを玄関《げんかん》にあるキャビネットの上に置《お》くことにした。訪問客《ほうもんきゃく》が見たら、ただのどろいりタッパーだ。どろのはいった大きなタッパーを、ふたもせず、どーんと置《お》いてある光景《こうけい》はきみょうだろう。

干《ひ》がたのどろは、におうのではないかと思ったが、よけいな心配だった。ちっともくさくなかった。微生物《びせいぶつ》がすみ、土が生きていて、くさらないのだ。

冬は空気が乾燥《かんそう》しているせいか、水のへりは思ったより早く、4~5日に1回は真水《まみず》をたした。水道水をバケツにため、ベランダで一昼夜以上置《いじょうお》いて、塩素《えんそ》をぬいたものだ。

その水を小さな手おけですくい、どろの表面をあらだてないよう、タッパー水そうへ。かぶこたちのすがたが見えないだけに、生きているかどうか不安《ふあん》で、わたしたちは毎回、いのるような気持ちで、水をゆっくりといれることをくりかえした。

そのまま、季節《きせつ》は進んでいった。マンションのまどから見える山のもみじが赤くなったかと思えば、通りでは、かれ葉がかさかさ音を立てて、風にまった。

こうしてわが家にも、日本中にも、寒い冬がやってきた。

ベランダで、大きな角形《かくがた》たらいのなかのメダカたちは、水草の森の奥《おく》にこもって、水面に出てこなくなった。クサガメは、砂《すな》と大きなかれ葉《は》のあいだにはいって、まったく動かなくなった。

この冬は、西日本でも雪がふり、ベランダの植物がかれてしまうほどだった。だから、かぶこたちは、外には出さず、玄関《げんかん》に置《お》いたままにした。わが家は、かぶこたちの横で、12月には小さなクリスマスツリーを、1月には初詣《はつもうで》で新しくした開運の守矢《まもりや》をかざった。

正月明け、不安《ふあん》になって日中の水温をはかると、11度。きっとかぶこたちは眠《ねむ》っている。

春を待とう。

かぶこたちを見てみよう！

カブトガニの卵《たまご》や1齢《れい》の赤ちゃんのようすを、動画で配信《はいしん》しているよ！

URL：https://youtu.be/JDVYYp2aMKA

※配信情報《はいしんじょうほう》は2020年5月末《まつ》時点のものです。

3
カブトガニのことを知りたいっ！

カブトガニって、どんな生きもの？

わたしたちは、カブトガニがどんな生きものなのか、ハツが小学2年生の夏から調べはじめていた。子ども向けのカブトガニの本が少ないなか、図書館で何冊《なんさつ》か本をさがした。

「えー、ゴキブリも『生きている化石』だってー。お母さん、知ってた？　2億年《おくねん》前からすがたをかえてないって！」

「今までやっつけてきたの、よかったのかな。ほかに『生きている化石』ってどんな生きものがいるの？」

「えっと、シーラカンスに、ラブカ。ラブカは深海の魚だよ」

カブトガニを知ることは、未知《みち》の世界に足をふみいれるようなものだ。本をたよりに、まずはカブトガニの種類《しゅるい》からチェックする。

今、地球上にカブトガニは4種類《しゅるい》のみ。そのうちの1種《しゅ》が日本や中国の揚子江《ようすこう》より南、台湾《たいわん》、フィリピン、インドネシアにいる種《しゅ》。もっとも大きくて、「カブトガニ」（学名：Tachypleus《タキプレウス》 tridentatus《トリデンタトゥス》）とよばれている。

日本での現在《げんざい》の生息場所は、瀬戸内海《せとないかい》から九州《きゅうしゅう》の北部のみ。岡山県《おかやまけん》、広島県《ひろしまけん》、山口県《やまぐちけん》、福岡県《ふくおかけん》、

佐賀県《さがけん》、大分県《おおいたけん》、長崎県《ながさきけん》、四国《しこく》では愛媛県《えひめけん》にいることがわかっている。かつては、もっと広い範囲《はんい》にいたそうだけれど、どんどんへってきた。

このほかに、北アメリカの東海岸に生息《せいそく》する「アメリカカブトガニ」。そして、インドやタイ、マレーシア、インドネシアなどには、「ミナミカブトガニ」と、「マルオカブトガニ」がいる。

タイなどの東南アジアでは、食材《しょくざい》としてカブトガニが売られているそうだ。ハツは、「ぎょ。カブトガニはおいしいのかなあ」と顔をしかめる。「マルオカブトガニ」には、毒《どく》があることもわかっているので、食べるのは、要注意《ようちゅうい》だ。

カブトガニは、川が海に流れこむ河口《かこう》近くの干《ひ》がたで大きくなり、10〜11齢《れい》ぐらいになると沖《おき》のほうの海底《かいてい》に向かう。深さ8〜15m《メートル》くらいの浅《あさ》い海だという。そこには、海草が生いしげり、「海のゆりかご」ともいわれるアマモ場《ば》がある。アマモ場《ば》は、多くの魚たちの産卵《さんらん》場所であり、魚の子どもたちの生活の場だ。

カブトガニは、砂浜《すなはま》、干《ひ》がた、浅《あさ》い海を行き来している生きもの。つまり、砂《すな》浜《はま》と干《ひ》がたと海が、コンクリートの堤防《ていぼう》など人工物で切りはなされてしまうと、生きていけなくなる。

そして砂浜《すなはま》や干《ひ》がたなどは、わたしたち人間が利用《りよう》する部分と大いに重なっている。海のアマモ場《ば》も、人にとってかかせない漁場《ぎょじょう》だ。こうした目で海辺《うみべ》を見てみると、人間による海の開発が進むにつれて、カブトガニのすみかが、しだいになくなっているのがわかる。

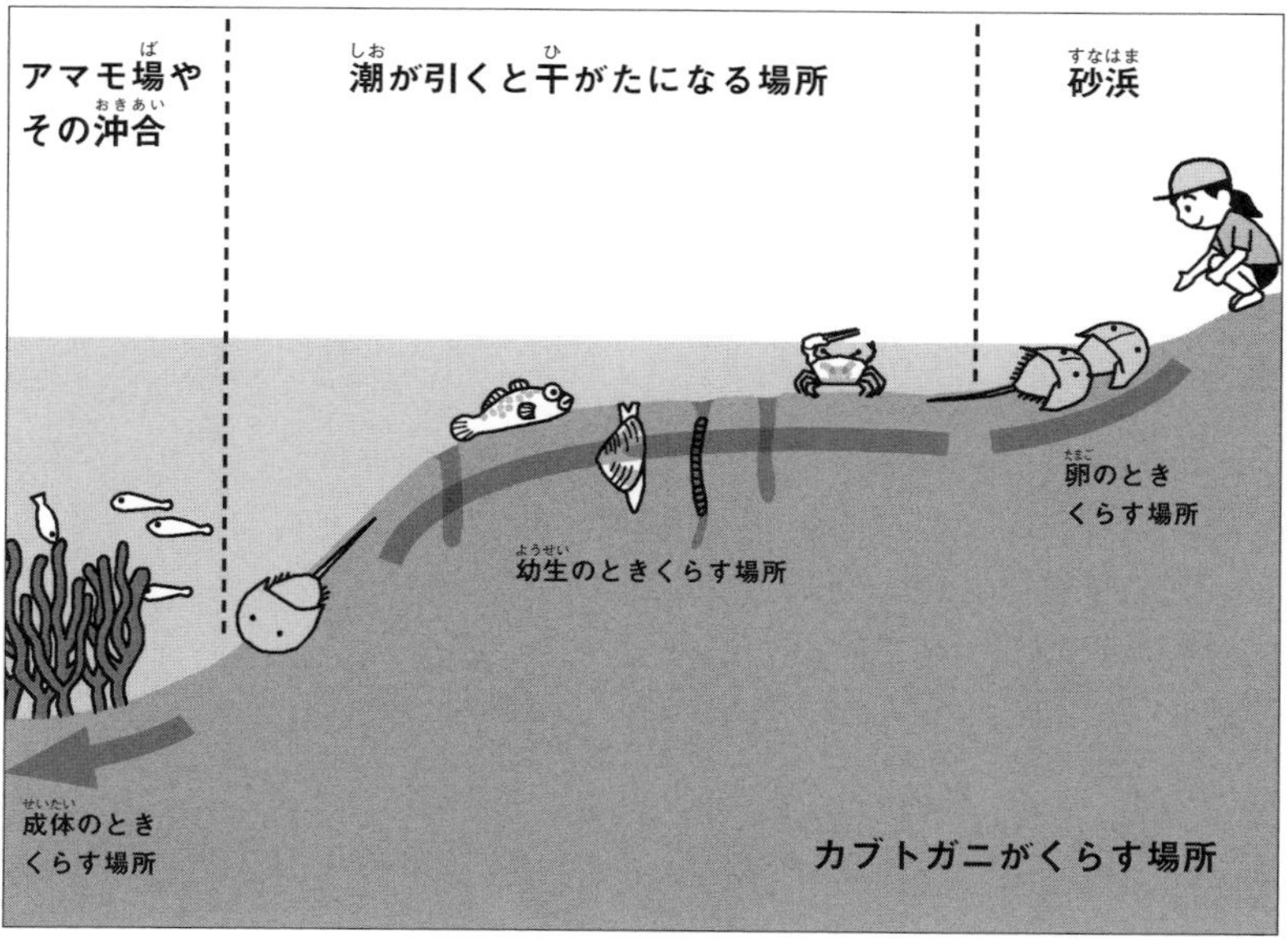

絶滅《ぜつめつ》せずに生きのびて、すごい！

カブトガニのルーツも知りたくなった。「生きている化石」「太古の生きもの」ともいわれる理由さがしだ。少しむずかしい言葉もあるけれど、地球のはじまりまで、タイムスリップだ。

地球が誕生《たんじょう》して46億年《おくねん》。その地球に生命が誕生《たんじょう》したのが、40億年前《おくねんまえ》。そのころの生命はまだ、体のつくりが単純《たんじゅん》な生物だった。

そして、5億年《おくねん》ほどむかしの、*カンブリア紀《き》に、生きものは一気に複雑《ふくざつ》に進化した。そのとき、すごく栄《さか》えた生きものに「三葉虫《さんようちゅう》」がいる。この有名な古生物《こせいぶつ》「三《さん》葉虫《ようちゅう》」は、カブトガニをはじめ、節足動物《せっそくどうぶつ》（エビやカニ、こん虫《ちゅう》、クモなど）の祖《そ》先《せん》だ。

＊カンブリア紀《き》：約《やく》5億《おく》4000万年前〜4億《おく》8800万年前。

カブトガニの進化

※今後の研究により、変《か》わる可能性《かのうせい》もあります。
※紀《き》の年数には諸説《しょせつ》あります。

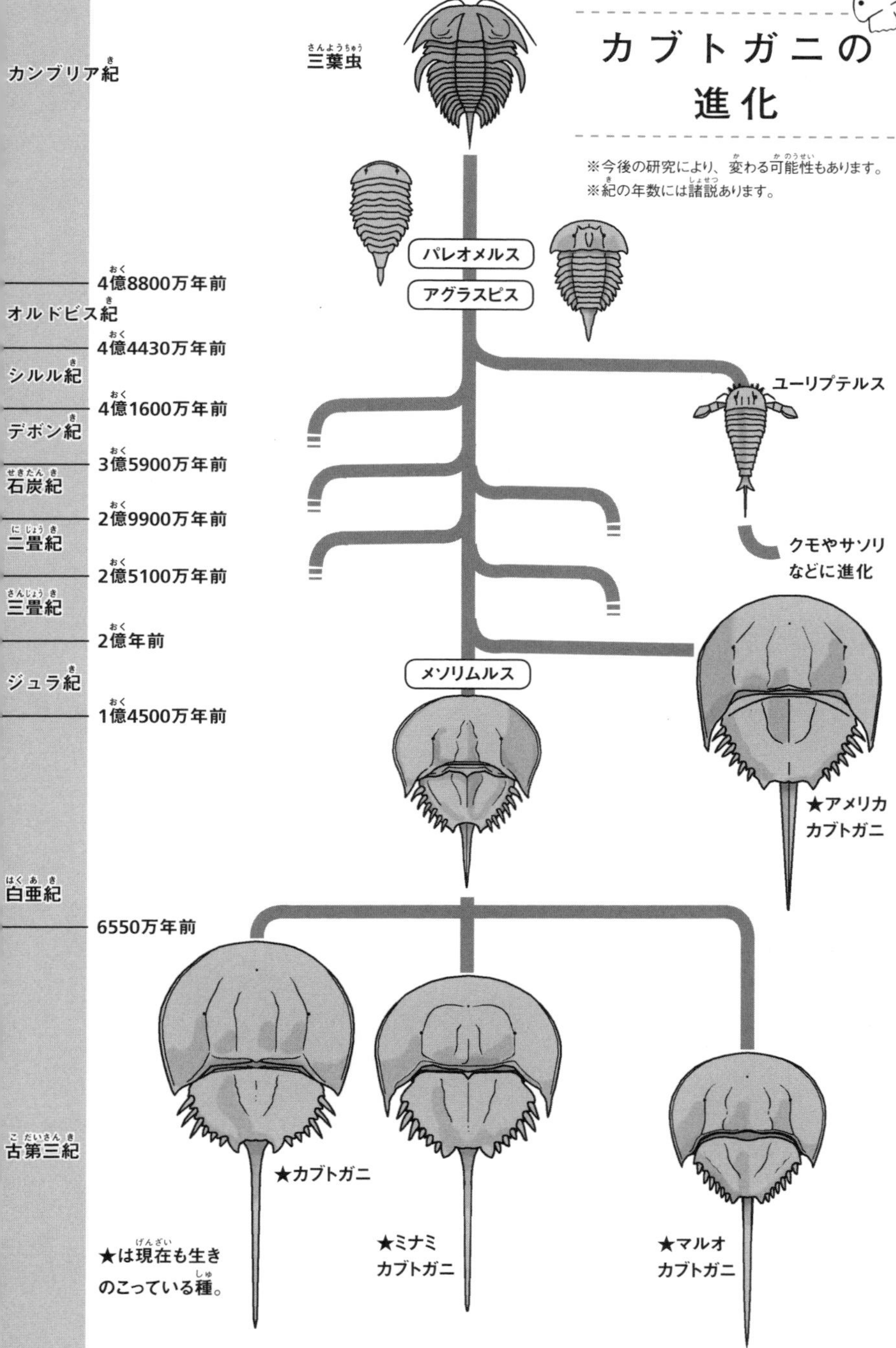

その後、三葉虫《さんようちゅう》から進化して、ジュラ紀《き》に、カブトガニのおおもとになる「メソリムルス」になったという説《せつ》がある。ジュラ紀《き》とは、大型《おおがた》の恐竜《きょうりゅう》が地球上で大いばりしていた時代。この「メソリムルス」から、今のカブトガニやマルオカブトガニ、ミナミカブトガニへと、枝分《えだわ》かれしたといわれている。

最近《さいきん》では、遺伝子《いでんし》の研究も進み、2019年2月、新しい発見があった。これまでカブトガニは、クモやサソリに近い生きものといわれてきたけれど、最《さい》新《しん》の研究からクモの仲間《なかま》と考えられる、というのだ。もしかしたら、進化のとちゅうで一度、陸《りく》に上がったものが、ふたたび海にもどった可能性《かのうせい》も出てきた。

けれど今後、また新たに、カブトガニの進化の道すじが見えてくることもあるだろう。それだけカブトガニは、なぞに満《み》ちている。

カブトガニは、ジュラ紀《き》からほとんどすがたをかえることも、絶滅《ぜつめつ》することもなかった。それがわかるのは、2億年前《おくねんまえ》のジュラ紀《き》の地層《ちそう》から出た化石と、今もほぼ形が同じだからだ。だから、「生きている化石」とよばれてきた。

地球の歴史《れきし》のなかで、多くの種類《しゅるい》の生きものが、地球上に誕生《たんじょう》しては消えていった。長い年月のあいだに絶滅《ぜつめつ》や、生きのこるために進化をして、すがたをかえた。たとえば、恐竜《きょうりゅう》も約《やく》６６００万年前に絶滅《ぜつめつ》したといわれている。原因《げんいん》として、地球に巨大《きょだい》いん石が落ちたり、地球の気候《きこう》の大変化《だいへんか》などがあげられている。この地球では、地球上の生きものの80%《パーセント》や90%《パーセント》が絶滅《ぜつめつ》したともいわれる大《だい》危機《きき》が、何回か起こった。カブトガニは、そのたびに生きのびた。

自分たちを取りまく自然《しぜん》がかわっても、カブトガニのようにおどろくほど長い年月、すがた形をかえずに、命のバトンを子孫《しそん》へと受けわたしてきた生きものは、ごくごく少数だ。つまり、特別《とくべつ》な生きものだってこと。

カブトガニにしてみれば、人間は、最近《さいきん》出てきた新しい登場人物にすぎない。わたしたち人間（ホモ・サピエンス）という種《しゅ》が、アフリカで誕生《たんじょう》したのは、ほんの20万年前ともいうのだから。

＊ジュラ紀《き》：約《やく》2億《おく》年前〜1億《おく》４５００万年前。

卵《たまご》と進化

カブトガニは、卵《たまご》の膜《まく》が透明《とうめい》なため、なかのようすの観察《かんさつ》ができた。じつは、人間の赤ちゃんも最初《さいしょ》は、お母さんの体のなかにある卵《たまご》からはじまる。ただ人間をはじめとするほ乳類《にゅうるい》は、卵《たまご》ではうまれず、お母さんのおなかのなかで10か月ほどかかって、ある程度《ていど》大きくなってからうまれてくる。

そのあいだにわたしたちは、生物の進化をたどっている。赤ちゃんとなってうまれでるまでのあいだに、遠い遠いご先祖《せんぞ》さまだった生きものの特《とく》ちょうを、ほんの短い時間だけ通過《つうか》する。

つまり、人間の赤ちゃんもお母さんのおなかのなかで、最初《さいしょ》のころ、魚のエラやカエルの水かきや、サルのしっぽのようなものがちょっとだけできてはなくなり、少しずつ人間の形になっていく。

ハツがうまれる前、カブトガニに近かったときもあったのかな。クジラの研究者のお父さんをつかまえて、話を聞いてみる。

「ああ、そういうのはね。むずかしい言葉だけど、『個体《こたい》発生は、系統《けいとう》発生をくりかえす』というんだ。ひとりの人間ができていくあいだに、長い進化の歴史《れきし》がくりかえされているんだよ。

クジラもね、大昔は足があって、陸《りく》にくらしていたんだけれど、やっぱり海がいい、と海にかえっていったほ乳類《にゅうるい》なんだ。だから、クジラの赤ちゃんもお母さんのおなかにいるとき、ほんの一時《いっとき》だけ、足がはえるんだよ。

人間の赤ちゃんにも、カブトガニっぽいときがあるかって？　カブトガニは、そもそも人間とはちがう動物の仲間《なかま》だからねえ。わからないなあ」

人間の赤ちゃんのなかにカブトガニのすがたをさがすのは、むずかしそうだ。

一方、かぶこたちは、自分の進化の道のりを、わたしたちに見せてくれていた。卵《たまご》からふ化したカブトガニの赤ちゃんのすがたは、ほんとうに、彼《かれ》らの祖先《そせん》である

「三葉虫《さんようちゅう》」によくにていた。後体部分《こうたいぶぶん》が広く、カンブリア紀《き》を生きた「三葉虫《さんようちゅう》」のなごりがある。まだ恐竜《きょうりゅう》も登場しない、5億年前《おくねんまえ》の記憶《きおく》を、かぶこは体にとどめていた。

ハツがつぶやいた。

「ずっと生きていてくれて、ありがとう」

ほんとうだ。ずっと遠い地球の記憶《きおく》を目の前で見せてくれて、ありがとう、かぶこたち。

4

カブトガニと人は仲《なか》よくなれる？

カブトガニと人は仲《なか》よくなれる？

2億年前《おくねんまえ》からすがたをかえることなく、地球とともにカブトガニが生きてこられたのは、少ないえさですむからとも、体内にはいってきた悪い細菌《＊さいきん》を自分でかためられるからとも、いわれている。細菌《さいきん》をかためるのは、カブトガニの血にふくまれている成分《せいぶん》のはたらきによるものだ。

＊細菌《さいきん》：ひとつの細胞《さいぼう》からできている、とても小さな生きもの。病気のもとになるものや役に立つものなど、種類《しゅるい》が多い。

カブトガニの血は、青い。

体のなかでは白っぽいのだが、空気にふれることで青くなる。この血が、自分の体のなかにはいってきた細菌《さいきん》や毒素《どくそ》などをすぐに見つけて、ゼリーのようにかためて、とじこめてしまうという。

ちなみに、こうしたカブトガニの血液《けつえき》のすぐれた力《ちから》は、細菌《さいきん》や毒《どく》などを見つけだす薬《くすり》として使われ、人間のくらしにかかせないものになっている。アメリカカブトガニが、その対象《たいしょう》だ。

生きのびてこられたのには、ほかにも理由がある。

幼生《ようせい》は、河口《かこう》近くの真水がまざる場所でも生活できるし、エラの部分がぬれてさえいれば、1~2週間生きられるそうだ。また、えさがたりないときは、1年間脱《だっ》皮《ぴ》をせず、成長《せいちょう》を止めることでやりすごし、生きぬいていけるのだという。

けれど今、人間がカブトガニの生きる場所をうばい、危機《きき》に追いやっている。人がきずいてきた生活のかげで、カブトガニがこまっている。ならば、わたしたちは、人間としてちゃんと問題を見つめて、どうしたらいいのか考える必要《ひつよう》がある。

わたしは、カブトガニが単《たん》にかわいそうだからと、人がきずいてきた営《いとな》みを悪いことだ、とかんたんにいうのは、よくないと思っている。

「人間」対「生きものや自然《しぜん》」という対決のストーリーで考えてしまうと、いつだって「人間は悪い」という話になってしまう。

もっとていねいに情報《じょうほう》を集めたり、自分の目や耳でたしかめて、考えることが大事だ。

人間も一生懸命《けんめい》に生きてきたことは、まちがいないし、自分たちがやってきた生きる努力《どりょく》を打ちけしてしまうなんてできない。でも、行きすぎてしまったことがあるのも事実だ。

「これから」を生きるわたしたちだからこそ、人類《じんるい》と生きものとの関係《かんけい》を、身近なところから見直して、さらに未来《みらい》へ、どんな考え方をして、どうしたらいいのか、いっしょにさがしていきたい。

漁師《りょうし》にいやがられてきた

原田先生は、人間とカブトガニの「これから」の関係《かんけい》を見すえて、こう話す。

「今、山口県内《やまぐちけんない》では、カブトガニの数がふえてきているところもあります。そうすると、人をこまらせることもあるんです。

ある漁師《りょうし》のかたに話を聞くと、最近《さいきん》カブトガニがあみにかかって、ハサミであみをやぶるのでこまる、ということなんです。ひと夏に500以上《いじょう》のカブトガニが、魚をとるあみに引っかかって、被害《ひがい》が出たと。

生きものを守るというのは、数がただふえればいい、ということではないんです。守ることで数がふえてきたら、その結果《けっか》どうするかまで、考えないといけないんですよ」

漁師《りょうし》さんたちは、海の沖合《おきあい》で定置《*ていち》あみを、魚が通るところにしかけたり、底引《そこび》きあみで、海の底《そこ》からえものを船で引きあげたりして、魚をとる。カブトガニは、そのあみに引っかかってからまってしまう。

カブトガニの成体《せいたい》がくらすのは、魚も多く集まる場所で、漁《りょう》がさかんなところ。あみのなかの魚を横取りするわけではないけれど、あみをやぶったり、魚をきずつけたりするから、人から「やっかいもの」あつかいされた。

だから、かつて漁師《りょうし》さんたちは、カブトガニがこれ以上《いじょう》ふえないよう、漁《りょう》でとれたとき、海にはもどさずに、ぽいっとすててきた。海辺《うみべ》の石垣《いしがき》にしっぽをつきさして日干《ひぼ》しにしたり、畑の肥料《ひりょう》にしたり。漁《りょう》をじゃまする存在《そんざい》としてしか見られていなかった。

＊定置《ていち》あみ：海のなかの決まった場所にあみを一定の期間しかけておく。そこにはいってきた魚をまとめてとる。

人が干《ひ》がたを利用し、すみかがへった

これまで瀬戸内海《せとないかい》の海岸は、干《かん》たくや埋《う》め立《た》てが進み、だんだんカブトガニのくらす場所がなくなっていった。この問題に長年向きあってきたのが、岡山県笠岡市《おかやまけんかさおかし》にあるカブトガニ博物館《はくぶつかん》だ。

笠岡市《かさおかし》での、カブトガニを守る活動の歴史《れきし》は、少なくとも90年以上《いじょう》と長い。一方、瀬戸内海《せとないかい》に面した笠岡湾《かさおかわん》は、干《かん》たくの歴史《れきし》も江戸《えど》時代からと古い。そして、１９７０年代には埋《う》め立《た》てが進み、多くのカブトガニを死なせてしまったという。

干《かん》たくの方法《ほうほう》はまず、干《ひ》がたの沖《おき》のほうに人工の堤防《ていぼう》をつくって、海水がはいってこないように、干《ひ》がたをかこいこむ。すると、そこがかわいて陸地《りくち》になる。こうしてわたしたちは、農地や人がくらす土地を、どんどん広げてきた。

日本は、農地を広く取りたくても、平野が少ない国。海と山がとても近い。だか

干《かん》たくの方法《ほうほう》

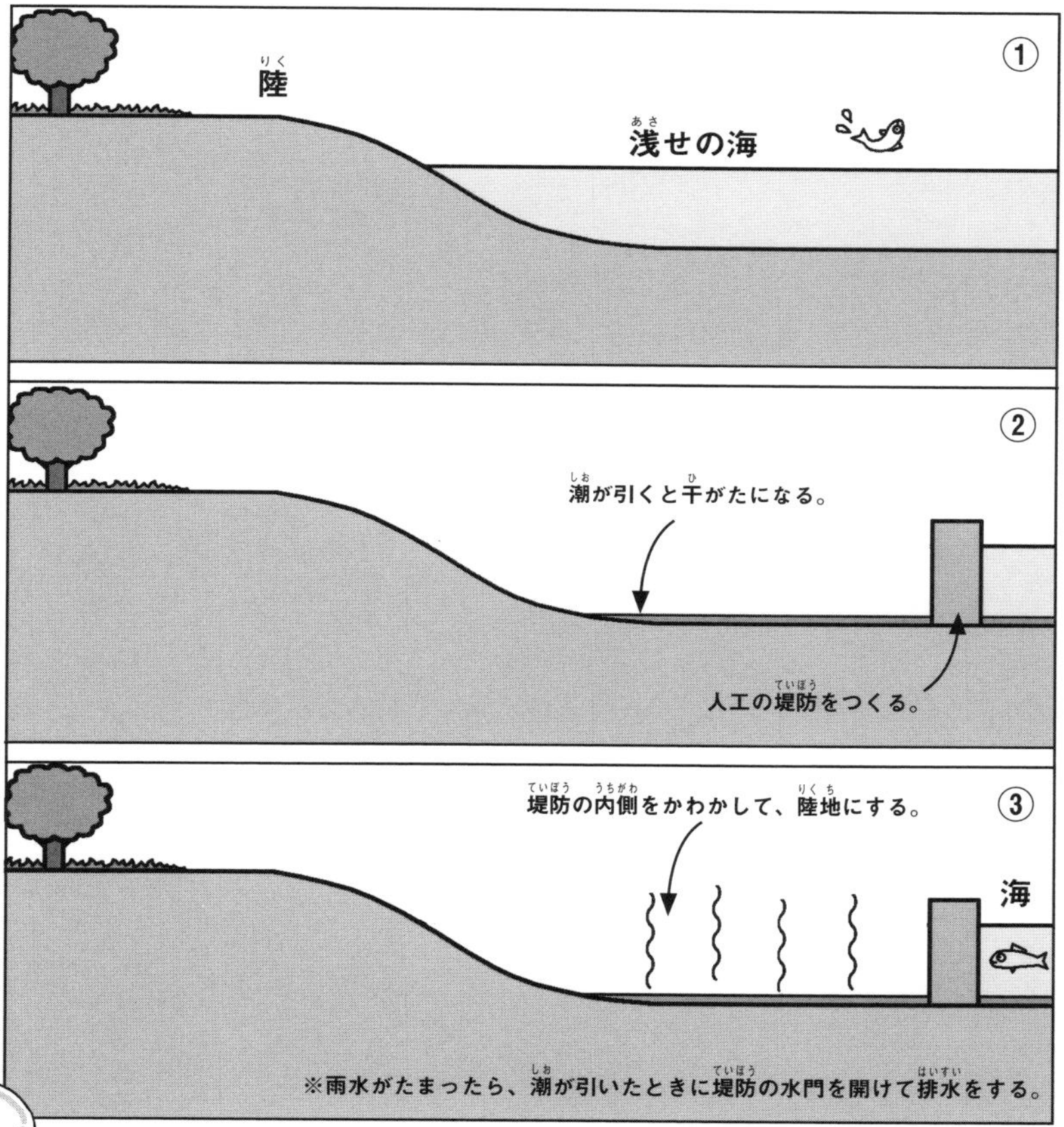

もっと知りたい　カブトガニ❷　～天然記念物《てんねんきねんぶつ》～

カブトガニとその生息地は、日本のいくつかの場所で天然記念物《てんねんきねんぶつ》になっている。岡《おか》山県笠岡市生江浜《やまけんかさおかしおえはま》は、どこよりも早く1928年にカブトガニ繁殖地《はんしょくち》として、国の天然《てんねん》記念物《きねんぶつ》に指定されている（1971年に神島《こうのしま》水道も追加）。さらに笠岡市《かさおかし》は「笠岡市《かさおかし》カブトガニ保護条例《ほごじょうれい》」で、カブトガニを保護《ほご》している。

―そのほかの場所―

・佐賀県伊万里湾《さがけんいまりわん》（2015年に国の天然記念物《てんねんきねんぶつ》に指定）
・愛媛県西条市東予《えひめけんさいじょうしとうよ》地区の海岸（1949年に県の天然記念物《てんねんきねんぶつ》に指定）

ら、わたしたちの先祖《せんぞ》は、食べものを手にいれるために、干《かん》たくという方法《ほうほう》を使い、平野を自分たちでつくりだしてきた。こうやって、命をつないできた。

干《かん》たくによって、田んぼや畑ができ、たくさんの人が飢《う》えずにすむようになった。人びとが一鍬一鍬《ひとくわひとくわ》、新しく陸《りく》になった干《ひ》がたの土地を必死《ひっし》にたがやして、よい作物がとれるようがんばってきた歴史《れきし》がある。

だから、干《かん》たくをまるでだめだなんて、かんたんにいうことはできない。たとえば、かぶこのきょうだいがくらす山口県山口湾《やまぐちけんやまぐちわん》では、江戸《えど》時代からこれまでに、約《やく》1000ha《ヘクタール》の干《かん》たくがなされ、干《ひ》がたが広い田畑になった。

今日も、その田畑で米や麦などが育てられている。そしてその小麦で、学校給食《きゅうしょく》用《よう》のおいしいパンも作られている。もちろん、ハツも姉も友だちも、この給食《きゅうしょく》パンをほおばって大きくなっている。

時代が進み、1970年代《ねんだい》にわたしたちは工業団地《だんち》といった、広大な埋《う》め立《た》てもするようになった。瀬戸内海《せとないかい》の＊白砂青松《はくしゃせいしょう》の風景《ふうけい》はとても美しかった、というけれど、瀬戸内一帯《せとうちいったい》が工業エリアになって、こうした風景《ふうけい》はなくなっていった。その時代、大型《おおがた》の機械《きかい》を使って、ものすごいスピードで土地をうみだしていったから、カブトガニをほかの場所にうつすよゆうも、発想もなかった。

立ちはだかるコンクリートの堤防《ていぼう》

そして、人間のくらしを高い波から守るために、コンクリートの堤防《ていぼう》を、わたしたちは海辺《うみべ》にきずいてきた。堤防《ていぼう》は、災害《さいがい》のリスクをへらすことができる。ただそれは、海や浜《はま》、川、里、山など、わたしたちが生かされてきた自然《しぜん》とのつながりを、断《た》ちきってしまう大きなかべにもなった。

かぶこたちも同じ。カブトガニが産卵《さんらん》した場所は、コンクリートの堤防《ていぼう》ぞい。ほんとうは、砂浜《すなはま》の、もっと陸地《りくち》に近い場所へ進みたかったカブトガニのお母さん。

＊白砂青松《はくしゃせいしょう》：白い砂と青い松。海岸などの美しい風景にいう。

でも、行けないからそこでうんだ。今まで毎年産卵《さんらん》に来ていた砂浜《すなはま》がとつぜんなくなって、こまってしまったカブトガニのつがいは、ものすごい数なのかもしれない。

原田先生には、苦い思い出がある。２０１３年７月、海岸を守るコンクリート堤《てい》防《ぼう》の改修《かいしゅう》で、砂浜《すなはま》に工事がはいり、カブトガニの産卵《さんらん》場所が失《うしな》われたときのことだ。

工事の計画を知った先生は、カブトガニの産卵《さんらん》時期を外して工事を進めるよう、工事をする県などにお願《ねが》いしてきた。にもかかわらず、いつの間にかはじまっていたのだ。

産卵《さんらん》時期となり、工事予定の砂浜《すなはま》を見に行くと、すでに、海のなかに土のう（土をいれた袋《ふくろ》）がずらりとならべられていた。ときは満潮《まんちょう》。土のうより陸側《りくがわ》に、カブトガニのつがいがいた。９ペアも。

このままでは、次に潮《しお》が引いたとき、土のうがじゃまをして、カブトガニは海にかえれない。そのまま干《ひ》あがって死んでしまう。そして、せっかくうんだ卵《たまご》は、工事でつぶされてしまう。

まず、先生はつがいを海側《うみがわ》に放した。次に、卵《たまご》をさがし、安全な場所にうつした。シャベルを使って、砂《すな》をほり、卵《たまご》をさがす。バケツは4杯《はい》にもなった。それだけでも、卵《たまご》の数は数万個《すうまんこ》におよんだはずだという。

卵《たまご》は、まだまだあったにちがいない。だが、炎天下《えんてんか》でたったひとり、卵《たまご》がある場所をさがしだし、ほりおこし、重たい砂《すな》ごと運ぶには限界《げんかい》があった。協力《きょうりょく》してくれる人をよんでくる時間なんてなかった。

さらに先生は、幼生《ようせい》もさがして、工事現場《げんば》から外へにがした。70ぴきはいたのだそうだ。2齢《れい》から8齢《れい》のカブトガニだった。

先生は、何万ものカブトガニをすくった。カブトガニにくわしくて、行動力がある人だからできた。

赤潮《あかしお》など海の環境悪化《かんきょうあっか》

2016年、ハツの、小学2年生の夏休みも終わろうとしていたころ、新聞にこんな記事を見つけた。

「カブトガニ500ぴきが死ぬ　北九州《きたきゅうしゅう》、猛暑原因《もうしょげんいん》か

環境省《かんきょうしょう》が絶滅危惧種《ぜつめつきぐしゅ》に指定するカブトガニが、国内有数の生息地の北九州市《きたきゅうしゅうし》・曽根干《そねひ》がたで今年1月以降《いこう》、約《やく》500ぴき死んでいることが確認《かくにん》された。例年《れいねん》、年間に見つかる死《し》がいの8倍をこえ…（略《りゃく》）」（産経《さんけい》新聞　2016年8月29日）

わたしたち家族5人は、真相《しんそう》をたしかめるべく、福岡県北九州市《ふくおかけんきたきゅうしゅうし》の曽根干《そねひ》がたへ向かった。

いきなり、コンクリートの堤防《ていぼう》に打ちあげられたカブトガニを発見。甲《こう》らだけな

のか、足など、おなかの部分がまだあるのかわからなかったため、ひっくりかえして確認《かくにん》したかった。

が、あまりにくさい。ハツの言葉をかりれば、「夏の生ゴミよりもくさい」とのこと。家族全員ためらったものの、結局《けっきょく》、お父さんが、カブトガニを両手でかかえこむように持ちあげた。

「あっ！」

足がかすかに動いたのだ。ハツがさけぶ。

「生きてるよ。このカブトガニ！」

「波に打ちあげられて、自力でここまで来たのか、人に運ばれたのかわからないけど、この状態《じょうたい》じゃ、海にもどしてもむずかしいね」

「むずかしくても海にもどそう。もどしてあげなきゃ、死んじゃうよ」

ハツの強い口調に、お父さんは、カブトガニをかかえたまま海のほうへ歩きだした。まだ成体《せいたい》になっていないカブトガニだった。きっとあと1回脱皮《だっぴ》をすれば、メスになる。そんな大きさだった。

ハツが声をかける。

「がんばるんだよ。生きるんだよ。海はもうすぐだからね」

ポチャン。カブトガニを1ぴき海へもどすことができた。

けれど、ほっとしたのもつかの間。あたりを見ると、海岸は、カブトガニの死がいだらけだった。

曽根干《そねひ》がたでは、1995年から、地元のカブトガニ調査《ちょうさ》研究家、林修《はやしおさむ》さんが、産卵《さんらん》に来たカブトガニのつがいをかぞえている。

林さんは、海を守ることがなによりたいせつと、打ちあげられてへどろになる海藻《かいそう》やごみの回収《かいしゅう》など、海岸の清掃《せいそう》活動も長年行ってきた。

「ほんとうの死因《しいん》は、わからないままです。曽根干《そねひ》がたはカブトガニが国内でも多い場所で、かつて2005年も、*産卵《さんらん》つがい数を1500ほど確認《かくにん》しましたが、やはり死がいが多く、330体ぐらいが流れついたんです。ふたたび、産卵《さんらん》つがい数は2011年からふえはじめ、2016年は約《やく》2000と、最多《さいた》の年でした」

林さんは、そもそもつがいの数が多い年だったから、そのぶん死がいも多いと、落ちついていた。そして、こう続《つづ》けた。

「ただ、2016年は、死がいを持ちあげると、以前《いぜん》よりえらく軽い個体《こたい》が多いなあ、と感じたのはたしかです」

はたしてその夏、たくさんのカブトガニが生きていけるだけの、じゅうぶんなえさが海にあったのだろうか。

「2006年には、赤潮《あかしお》が発生して、エイの死がいが海岸に約《やく》500体あがるなど、ほかの生きものも多く死にました。その年以降《いこう》、堤防下《ていぼうした》の岩場などにはさまったカブトガニの多くが、持ちこたえられず、死んでしまうようになりました。以前《いぜん》なら1週間以上《いじょう》生きのびられ、救出《きゅうしゅつ》できていたのに……」

＊林さんによると、カブトガニはひと夏に同じつがいが、1～4回産卵《さんらん》に来るため、同じつがいを重ねて数えていることもある。そのため、実際《じっさい》のつがい数はその6割《わり》ぐらいだろうとのことだった。

赤潮《あかしお》とは、生活排水《はいすい》などで海の栄養分《えいようぶん》がふえ、海中のプランクトンが大量《たいりょう》発生すること。それが魚などのエラにふれて、息をつまらせたり、酸素《さんそ》がへって、魚や貝などを死なせてしまう。すると、それをえさにしていた生きものも、えさ不足《ぶそく》におちいってしまう。

「海にいろいろな生きものたちがいるという、多様性《たようせい》が守られていれば、えさもちゃんとあります。カブトガニを守るためには、海の環境《かんきょう》を守らないといけないんですよ」

林さんは、声を強めて話してくれた。

赤潮《あかしお》を発生させるなど、わたしたち人間のくらしかたが、海にまで影響《えいきょう》し、生きものたちの営《いとな》みをおびやかしていた。

絶滅危惧種《ぜつめつきぐしゅ》であるカブトガニの生死に、わたしたち人間の行いそのものが大きくかかわっている。

5 カブトガニのえさと脱皮《だっぴ》

春が来た!

「お母さん、かぶこの水、へってるよー。たしておいてー。行ってきますー」

2018年春、ハツは小学4年生になった。毎朝、玄関《げんかん》に置《お》いてあるかぶこの休《きゅう》眠《みん》タッパーを横目に、あわただしく学校へ行く。

かぶこは、わが家の大事なお客さまだ。しかも、小さくてかわいらしい命。しっかり守りぬきたかった。

ベランダのクサガメたちもまだ動きだす気配はなく、メダカも水そうの奥深《おくぶか》くにひそんでいる。かぶこたちもどろのなかにもぐって、まったくすがたが見えない。4月の終わりごろ、ようやくカメがのそりと動いた。メダカは、水面近くで泳ぎだし、えさをほしがるようになってきた。もう少しだ。玄関《げんかん》先のタッパー水そうの水温は、15度をこえはじめた。

5月、磯《いそ》のかおりにまじって、ツツジがあまいかおりをただよわせはじめた。けれど、だめだ。かぶこが出てこない。

もしや、みんな死んでしまったのだろうか。

5月の連休《れんきゅう》に、家族でおとずれた岡山県笠岡市《おかやまけんかさおかし》のカブトガニ博物館《はくぶつかん》では、「本日、2齢《れい》に脱皮《だっぴ》しました！」と、元気よく泳ぐかぶこたちの仲間《なかま》がいたのに。

うちのかぶこはなぜ、出てこない？

カブトガニは、あまりにもしずかすぎる。

5月22日快晴《かいせい》。水温20・5度。

わたしとハツは、玄関《げんかん》のかぶこたちがはいったタッパーを、ついに持ちあげた。ベランダで、外の光の下に出す。

運ぶとちゅう、どろがまいあがり、少しにごった水面に、うっすらと2ひきのすがたが見える。明るいベランダに置《お》き、待つこと10分。

どろのにごりがしずまると、1ぴきが白い甲《こう》らを上にして、すがたを見せた。左右の目があいかわらず、かわいい。白くてきれいだ。かすかにだけれど、動いている!! 生きている生きている。ほっとむねをなでおろした。

だが、2時間たってもあまり変化《へんか》がない。水温計の先で、タッパーのふちをなぞるように、そろりとどろを起こしてみた。わ、いるいる。どろの表面から深さ1cm《センチ》もないところに、何ひきかいた。

そして光の下、4時間。ついには、動いていたかぶこまでかくれてしまった。光に反応《はんのう》して動くけれど、光よりも温度が必要《ひつよう》なのだろうか。原因《げんいん》がわからない。

もう、このまま海にかえしたほうがいいのだろうか。それともねている子どものふとんをはがすように、起こしたほうがいいのだろうか。

タッパー水そうはそのまま、玄関《げんかん》にはもどさず、ベランダに面した明るいリビングルームに置《お》くことにした。

すると、家族の会話も、おのずとかぶこのことになった。

海にかえすべきか、思いあぐねるハツとわたしに、お父さんがきいてきた。

「きみたちは、えさになるプランクトンを育てる気はあるの？」

「プランクトンって、育てられるの？」

ハツがききかえした。

「プランクトンの卵《たまご》を乾燥《かんそう》させたものが、売られているんだ。それを、専用《せんよう》の容器《ようき》に海水といっしょにいれて、しばらく置《お》いておくと、プランクトンがうまれる。それをかぶこにあたえるわけだ。これができるなら、かぶこを引きつづき、飼《か》う

ことができるけど、どうする？」

「かぶこを海にかえさないで、まだ飼《か》っていいの？」

「生きたえさを育てて、あたえる覚悟《かくご》まであるならね。それをきいているんだよ」

「覚悟《かくご》」をお父さんに問われて、ハツは不安《ふあん》そうだった。わたしはつい、背中《せなか》をおしたくなった。

「かぶこはこの夏、2齢《れい》だけじゃなくて、3齢《れい》、4齢《れい》にもなるわねえ。そうすると、4年生の夏休みの自由研究のテーマが決まるわね。冬をこさせて、6齢《れい》になるときさすがにゴカイ*とか、本格的《ほんかくてき》なえさが必要《ひつよう》だけど、それまでなら、えさはプランクトンでいいって、先生いってたよ」

「自由研究のテーマ」と聞いたせいか、ハツの表情《ひょうじょう》が明るくなった。

「やる！　ちゃんと毎日えさやる。2齢《れい》に育てるんだ」

*ゴカイ：ミミズににた、細長い体の動物。河口《かこう》近くのどろのなかにすんでいて、カブトガニのえさのひとつ。

命をあずかるこわさ

結局《けっきょく》、かぶこたちはハツの自由研究のテーマとして、引きつづきわが家でくらすこととなった。5月22日以降《いこう》、タッパー水そうは、リビングに置《お》き、真水《まみず》をたしながら、ようすを見ていた。

そのあいだもずっと、わたしたち家族には、死んでいく生きものを見たくない、という気持ちがはたらいていた。それ以上《いじょう》にわたしは、「生きている化石」という貴重《きちょう》な生きものを、わが家で死なせてしまうのがこわかった。カブトガニの卵《たまご》やふ化の神秘《しんぴ》を間近で見たぶん、自分の想像《そうぞう》をこえた、生命の圧倒的《あっとうてき》なふしぎさに、おののいていたのかもしれない。

だのに、かぶこは、6月になってもどろからはいだしてこない。なぜだかわからなかった。不安《ふあん》はつのるばかりだ。こうなったら、人の手でどろから出すしかない。

ハツの姉もさそい、3人で、ついにかぶこを出すことにした。

6月の終わりごろ、リビングへと移動《いどう》させていたタッパー水そうをベランダに出した。わが家のタッパーの干《ひ》がたから、そおっと発掘《はっくつ》する。わずか数㎜《ミリ》の、じっとしている宝物《たからもの》を取りだすのだ。目よりも手の感《かん》しょくが、たよりとなる。

干《ひ》がたのどろのつぶは細かい。そのなかに手をいれると、指先になにかがあたる。小さな石や貝のかけらもまじっているが、弾力《だんりょく》があるならそれは、かぶこ。ぬるっとしたどろにまみれている小さなかたまりを、ひとつずつさがしだす。

指先が器用《きよう》な姉が、大活やくした。

「はい、ここにも。はい、いたよ！」

見つけたかぶこを、どんどん海水をいれた水そうにうつす。水そうは、新たに金魚用のものを買ってきた。容量《ようりょう》10ℓ《リットル》のもの（横はば31・5cm《センチ》、奥行《おくゆき》16cm《センチ》、高さ24cm《センチ》）で、海水は、深さ12〜13cm《センチ》いれた。水かえ用のあみは、ひとまず、卵《たまご》のときから使っているものを使うことにした。

どろからすくいだしたカブトガニは、ぴんと体をのばしている子もいれば、丸まって小さなダンゴムシのようになっている子もいる。半年以上《いじょう》の休眠《きゅうみん》のあいだに、干《ひ》がたのどろが持つ鉄分によって、赤茶の色がついてしまった子もいた。

海水にはいると、ふたたびぴろぴろと泳ぎだす子もいれば、じっと動かない子もいる。かぶこたちは、だいたい背泳《せおよ》ぎだ。おなかを上にして足で水をかき、泳ぐ。

でも、彼女《かのじょ》たちは魚のように泳ぎつづけたりはしない。深い水そうにうつったとは

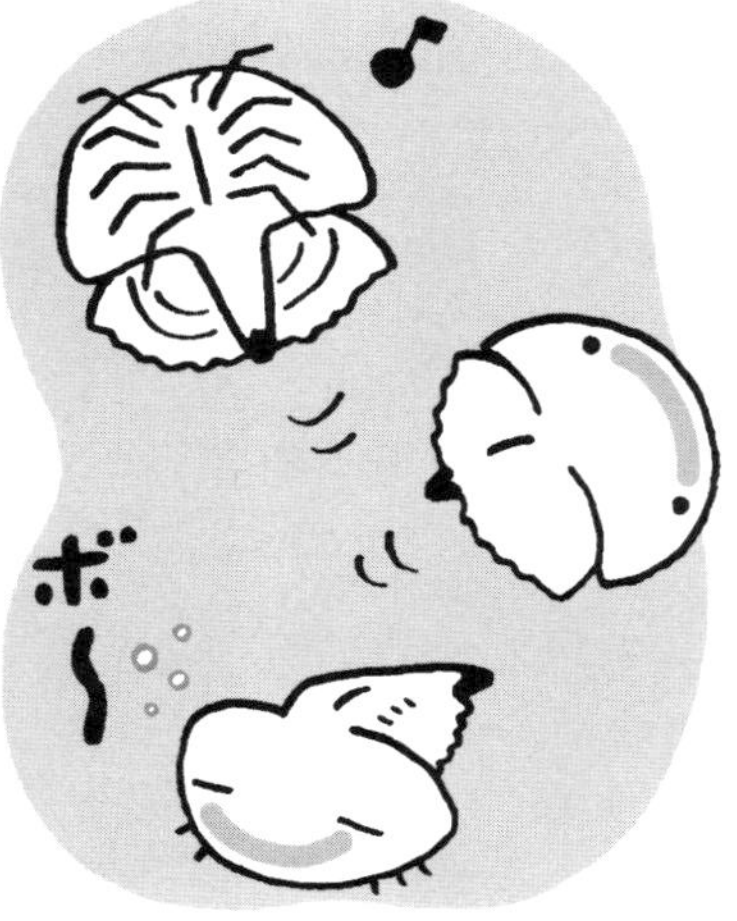

いえ、水の深さはあまりいらなかった。7〜8cm《センチ》の深さでよさそうだった。

かぶこにとって、海水をくさらせるのがいちばんいけない。だから、ふたたび海水を20ℓ《リットル》サイズのポリタンクで取りに行き、毎朝、海水を取りかえるくらしがはじまった。

そして、6月終わりから7月はじめにかけて、かぶこたちは、続々《ぞくぞく》と脱皮《だっぴ》をしはじめた。2齢《れい》になったのだ。

朝、水かえに行くと、ひとまわり大きく、真新しい白さをしたかぶこを目にするようになってきた。あみにしがみついて、じっとしている。あみを動かすと、あわてておなかを上にして泳いで移動《いどう》する。わたしたちは、大急ぎでえさを用意しなければならなかった。

かぶこたち、えさをやみくもに食べる

7月最初《さいしょ》の日曜日、わたしとハツは、「ブラインシュリンプ」の乾燥卵《かんそうたまご》と、それをふ化させるための容器《ようき》やエアポンプなどを買ってきた。

ブラインシュリンプの乾燥卵《かんそうたまご》は、茶色くて砂《すな》のようにさらさらしている。これは、グッピーや金魚の稚魚《ちぎょ》にあたえるえさとして、広く売られているものだ。ふ化器《き》の箱を見ると、ふ化には「18〜24時間かかる」と書いてある。

急げ！　急げ！

空腹《くうふく》のかぶこたちが待っている。ほら、海水をつめて、茶色のつぶつぶの卵《たまご》をスプーン

1杯《ぱい》。空気を送りこめ！　あとは？　あとはふ化を待つだけ！

大量《たいりょう》の茶色いつぶつぶがエアポンプのあわにまきあげられて、容器《ようき》のなかでダンスしている。24時間たつと、茶色い卵《たまご》から、朱色《しゅいろ》っぽい色をしたブラインシュリンプがあらわれた。小きざみにゆれながら、四方八方へとびかうように泳いでいる。みんな、元気いっぱい。ルーペで見ると、ほんとうに小さなエビだ。

「ハツ！　ブラインシュリンプがいっぱいたまっているところに、スポイトいれて取って、かぶこたちにやってー」

「えー、せっかくうまれたのに、かわいそう」

「そうくるかー。ハツさん、この世のなかで生きものは、みんな命をいただいて、大きくなっています。かぶこは、ブラインシュリンプの命をいただいて、大きくなります。かぶこは今度は、鳥たちに食べられて……」

「はいはい、そのくらいわかっていますよ」

「それを食物《しょくもつ》れんさというのですが、習いましたか？」

「お母さん、食物《しょくもつ》れんさは6年生で習うんです」

6年生の姉が、冷《さ》めた口調で教えてくれた。

「うわあ、ブラインシュリンプが大集合。ここオレンジ色ー。取って、かぶこたちにあげよう」

いつしか、ハツはえさやりに夢中《むちゅう》だ。

最初《さいしょ》わたしたちは、えさやりの方法《ほうほう》も、量《りょう》も、なにがよいか、よくわからなかった。かぶこたちがいる海水のなかに、スポイトでブラインシュリンプを、だばだばといれるばかりだった。

ブラインシュリンプがはいると、あお向けになって泳いでいるかぶこのおなかから、足が猛烈《もうれつ》ないきおいでばたばたと動きだす。えさをかきこんでいるのだ。

足の動きは一見ばらばらに思えたが、足は対《つい》ごとに、右、左、右、左といったぐあいに、かわりばんこに動いている。足は食べものをつかまえては順番《じゅんばん》に、いちばん上のきょう角《かく》のところにある口まで、送りとどけているらしい。

10日ほどのち、この年の産卵観察会《さんらんかんさつかい》に出かけて、原田先生に会うことができた。

「えさやりは、えさをたっぷりいれた別《べつ》の容器《ようき》のなかに、カブトガニをまとめてうつすといいよ。それ以外《いがい》のときは、どろがはいった海水にもどすのがよい」と聞くことができた。

すぐにわたしたちは、のこしてあった干《ひ》がたのどろを水そうにしずめ、かぶこたちの生活環《かん》境《きょう》を整えた。どろの量《りょう》もどのくらいがいいのかわからないまま、まずは、深さ2cm《センチ》ほどいれてみた。

どろをいれたことで、カブトガニにかくれる

場所を作ることができた。これで水そうをベランダに出しっぱなしにしても、安心だ。ベランダのすみっこを定位置《ていいち》にした。

えさ場となる容器《ようき》は、植木用の鉢皿《はちざら》など小さくて浅《あさ》いものでよいと聞いていたけれど、わが家には手ごろなものがなかった。家のなかをきょろきょろ見まわすと、キッチンにあるプラスチックの白いボウルが目にはいった。直径《ちょっけい》18cm《センチ》、深さ9cm《センチ》ほどの大きさだ。

そのときから、キッチン用ボウルが、かぶこのえさ場になった。ふ化器《き》でうまれた、たくさんのブラインシュリンプを、スポイトを使って、海水とともにボウルにいれ、そこにかぶこたちをうつすのだ。

水かえは、かぶこたちをえさ場にうつしたとき、どろをうまくしずめながら、海水をほぼすてて、

新しい海水をいれるようにした。海水をマンションの排水溝《はいすいこう》にすてるため、塩分《えんぶん》が排水管《はいすいかん》などにのこらないよう、水かえ後は毎回、水道水をたくさん流した。

そして、水そうからえさ場にうつすために毎回、１ぴきずつどろから発掘《はっくつ》するわけにはいかず。ここでも、あみ戸用のあみが大活やくした。

最初《さいしょ》は、目分量《めぶんりょう》で、どろの量《りょう》も考えながら水そうの底《そこ》よりも少し大きく切って、あみをいれた。ところが翌朝《よくあさ》、水かえをしようと、あみをどろのなかから持ちあげると、かぶこたちの数が半分ぐらいにへっている。夜もずっとベランダに置《お》いたため、鳥に食べられたかとひやりとしたけれど、あみの下のどろのなかにちゃんともぐっていた。

水面からあみの切れはしが近かったせいか、かぶこたちは、夜のあいだにあみをよじのぼって、あみの裏側《うらがわ》にまわったようなのだ。そして、どろのなかにはいってしまっていた。このときは、どろのなかからさがすのに、てまどってしまった。

なので、今度はあみをずっと大きく切り、水そうの底《そこ》の四すみまでぐっとおしこんで整え、あみが水そうの内側《うちがわ》全体をおおうようにした。

どろのなかにしずませ、えさやりや水かえのときは、あみを引きあげれば、その上にちゃんとかぶこたちがわらわらと乗ってきてくれる。

そして、えさがはいったボウルへ、あみをそっとひっくりかえして、うつす。かぶこたちは、えさ場にはいると急に活動的《かつどうてき》になり、足をわしゃわしゃと動かしながら、やみくもにえさをかきこむ。3～4時間、最低《さいてい》でも2時間は、そのままにした。

「次のえさ作らなきゃ。お母さん、やっておいてー」

わたしたちは、日々《ひび》えさ作りに追われた。

ブラインシュリンプは、2～3日おきにふ化させた。一度のえさやりで、ボウル内のブラインシュリンプが食べつくされることはない。かなりのこっている。のこったブラインシュリンプは、ふたたび、ふ化器《き》にもどして、次のえさやりに持ちこした。プランクトンの命もむだにしないようにした。

カブトガニのおなかのなか

　これまでずっと白かったかぶこたち。えさを食べると、まだ白色をした2齢《れい》のかぶこたちの「口元」が赤くなった。

「ひゃあ。食べたあとは、かぶこが赤くなる！」

　ハツがさけんでいる。

「体が半透明《はんとうめい》だから、えさの色がすけて見えてるわあ。ちょっと、こっちのかぶこ見て。おなかのなかまで色がついてきている。わあ、内臓《ないぞう》までわかっちゃう」

　わたしたちが最初《さいしょ》、「口元」と思った部分は、実は「胃《い》」。

　カブトガニの口元は、おなかの真ん中にある。そのおなかにある口から、「食道」

を通って、頭の先のほうにある「前胃《ぜんい》」とよばれる器官《きかん》にはいる。そこに食べたブラインシュリンプが集まることで、体の先のほうが赤く見えたのだ。じっと見ていると、胃《い》だけでなく、体の真ん中をたてにつきぬけている腸《ちょう》まで赤くなっていくのがわかる。さらにしばらくすると、横へと枝《えだ》わかれしている器官《きかん》へうつっていくのも見える。こうして食べものが、体内のすみずみまで送りこまれるのだ。

そして、腸《ちょう》から直腸《ちょくちょう》を通って、尾剣《びけん》のつけ根にある肛門《こうもん》からふんを出す。なんと、ブラインシュリンプを食べたふんまで、赤かった。筒状《つつじょう》の腸《ちょう》からぬけでてくるため、カブトガニのふんも、長さ2㎜《ミリ》ほどの円柱形をしている。

2齢《れい》になって、3～4日は、かぶこたちは白い半透明《はんとうめい》の体をのこし、こうした内《ない》臓《ぞう》の動きまで見せてくれた。そのあとは、彼女《かのじょ》たちは日に日に、小豆色《あずきいろ》の体になっていって、そのようすをすかして見ることはできなくなった。

かぶこたちの脱皮《だっぴ》と脱皮《だっぴ》がら

かぶこたちの脱皮《だっぴ》は、夜中か明け方に行われているらしかった。朝、ベランダに出て、水かえや、えさやりに行くと、もう脱皮《だっぴ》は終わっていた。あみを持ちあげると、脱皮後間《だっぴご》もない、色がほんのりとうすいカブトガニがまざっていることがある。脱皮《だっぴ》したかぶこは、あまり動かず、じっとしている。たいていそのそばに、半透明《はんとうめい》の脱皮《だっぴ》がらがあるのだ。

7月22日には、ようやくかぶこ全員が脱皮《だっぴ》をして、2齢《れい》になろうとしていた。そして、あのホワイトチョコのようだった彼女《かのじょ》たちは、チョコレート色にもにた、ほんのり赤く小豆色《あずきいろ》をした丸いすがたになっていった。

それでもまだ、横はばは10㎜《ミリ》にも満《み》たない。2齢《れい》になっても、かぶこはおとなの小指のつめよりも小さかった。

だが、なかには脱皮《だっぴ》がうまくできない子も何びきかいた。足が最後《さいご》、ぬけないのだ。長いあいだ、足に脱皮《だっぴ》がらをぶらさげる子も出てきた。自然《しぜん》には取れないのかな、手伝えるかな、と思い、脱皮《だっぴ》がらをつかんで持ちあげてみると、なんと、かぶこ本体までぶらさがってついてくる。

「お母さん、このまま脱皮《だっぴ》ができないと死んじゃうのかなあ。足のつめの先まで、ちゃんとおとなのカブトガニと同じだよ。足は、からをぬぐのがむずかしいんだろうね」

ハツやわたしの心配をよそに、１週間もすぎると、いつしか脱皮《だっぴ》がらは足から取れていた。

こうしたことは、わずかとはいえ、いつも起こっていた。脱皮《だっぴ》が彼女《かのじょ》たちにどのくらいの負担《ふたん》になっているのかは結局《けっきょく》、わからないままだった。

というのも2齢《れい》のまま、とつぜん死んでしまう子もいたけれど、死因《しいん》はまったくわからなかったからだ。脱皮《だっぴ》に時間がかかり体力を失《うしな》ったのか、もともと体が弱かったのか、うまく食事ができないのか、もしくは1齢《れい》のときにダメージを受けていたのだろうか。

原田先生が、脱皮《だっぴ》のたいへんさについて話していたことを思い出した。

脱皮《だっぴ》がらは、わたしとハツのどちらかが毎回、ていねいに水道水であらい、小さなプラスチックケースの箱にいれて保管《ほかん》した。

1齢《れい》の脱皮《だっぴ》がらは、そのままだとやわらかくて、くるんと丸まってしまう。まだぬれた状態《じょうたい》のときに、箱にのばしてはりつけて、かわかす。ぬれたハンカチを

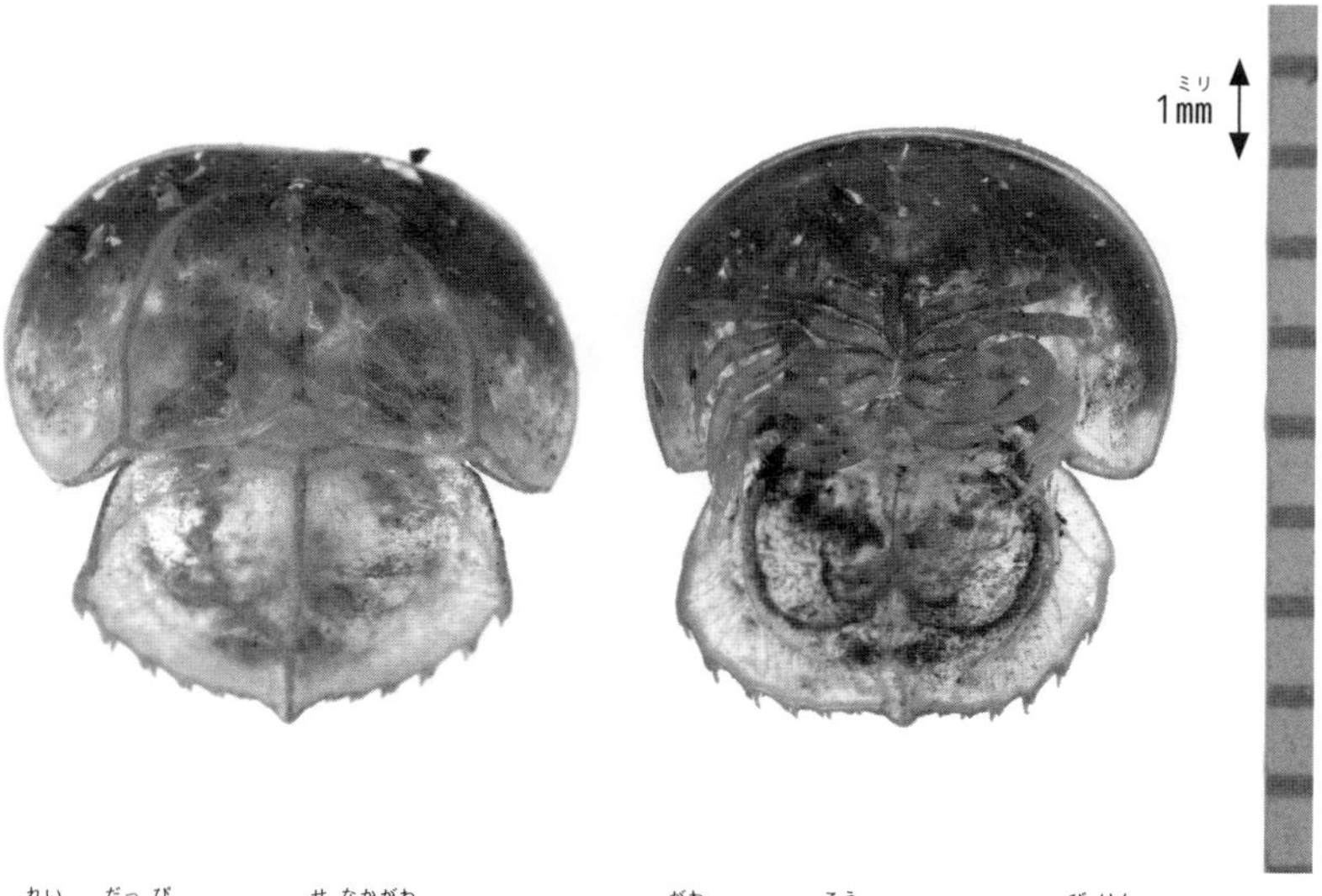

1齢《れい》の脱皮《だっぴ》がらの背中側《せなかがわ》（左）とおなか側《がわ》（右）。甲《こう》らの先から尾剣《びけん》の先まで、わずか6㎜《ミリ》ほどしかない。

かべにはりつけて、しわのばしをするような、そんな作業だ。

やぶれず、うまくかわかすことができたものは、すべてのこした。だれもめったに持っていない、見たこともない。干《ひ》がたでも、見つけることができないという、生きている化石がぬいだ最初《さいしょ》のから。サビ色がついたけれど、半透明《はんとうめい》の1齢《れい》の脱皮《だっぴ》がらがここにある。そおっとそおっと、ケースにしまった。

2齢《れい》から3齢《れい》になるのは、あっという間だった。

8月8日からなかばにかけて、次つぎと3齢《れい》になった。

半透明《はんとうめい》の小さくてきれいな脱皮《だっぴ》がら。軽くて小さいのに、足まできれいに形にのこっている。

1センチにも満《み》たない世界でミリ単位《たんい》の足がぎょうぎよくならんでいる。1齢《れい》の脱皮《だっぴ》がらと同じく、2齢《れい》の脱皮《だっぴ》がらを干《ひ》がたで見つけることは、ほぼ不可能《ふかのう》だ。

この年の7月15日、わが家は、下関市《しものせきし》千鳥浜《ちどりはま》で原田先生が開く、幼生観察会《ようせいかんさつかい》に参《さん》加《か》した。

「これ、けっこう大きいでしょ。10齢《れい》ぐらいかな」

ハツが、広い干《ひ》がたを遠くまで進み、見つけてきたのは、おとなの手のひらサイズの脱皮《だっぴ》がらだった。横はば85㎜《ミリ》、頭から尾剣《びけん》まで、たての長さ15㎝《センチ》ほどのもの。しめっているせいか、ぐにゃりとしていて、うすいシリコンのような感しょくだった。

「カブトガニはおもしろいことに、胃《い》ぶくろまで脱皮《だっぴ》するんですよ。ほら、この脱《だっ》皮《ぴ》がらはまだきれいだから、胃《い》ぶくろまでのこっている」

原田先生は、脱皮《だっぴ》がらをまるでがま口のように、頭の先から背中側《せなかがわ》とおなか側《がわ》にぱかっと開いたかと思うと、なかのほうに手をいれ、奥《おく》のぐにゃっとした小さなふくろのようなものを指さした。

「だから、保存《ほぞん》するときは、この奥《おく》まで、あらったほうがいいですよ」

大きくなってくると脱皮《だっぴ》がらでも、やはりにおう。家で、かぶこたちの脱皮《だっぴ》がらをくさいと感じたことはなかっただけに、自然界《しぜんかい》のパンチの強さを実感する。

そのうえ、大きな脱皮《だっぴ》がらは、やけにリアルだった。

「お母さん、家と干《ひ》がたの両方で集めた脱皮《だっぴ》がらで、標本《ひょうほん》作るわ」

ハツの小学4年時の自由研究は、脱皮《だっぴ》の観察《かんさつ》と標本《ひょうほん》作りになった。

6 海へ

かぶこたちをもどす?

夏休みはかけぬけてゆく。

8月の終わり、ハツは小学4年の自由研究で、かぶこが1齢《れい》から2齢《れい》へ、さらに3齢《れい》になったようすなどをまとめた。そして、1齢《れい》から10齢《れい》までをすべてそろえた脱皮《だっぴ》がらの標本《ひょうほん》を作った。ひろったときは、やわらかかった脱皮《だっぴ》がらも、いつしかすっかり乾燥《かんそう》し、ぱりっとかたい。自宅《じたく》で集めた1齢《れい》の脱皮《だっぴ》がらは30個以上《こいじょう》、2齢《れい》

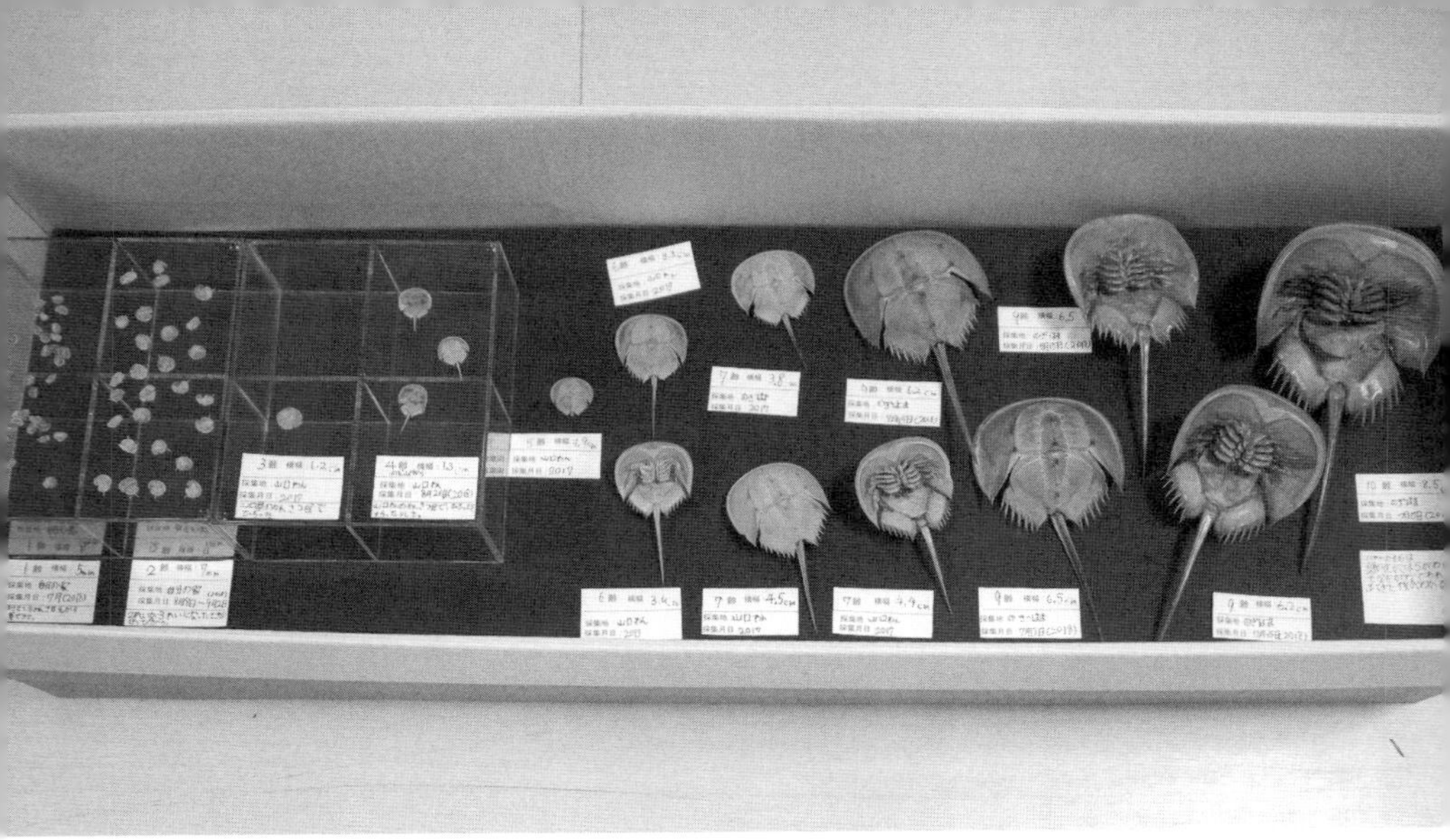

ハツの自由研究。カブトガニ1～10齢《れい》の脱皮《だっぴ》がらの標本《ひょうほん》。

も20個以上《こいじょう》ならべることができた。

標本《ひょうほん》は、長さ80㎝《センチ》ほどの箱におさめ、大がかりなものとなり、学校に持っていくのもひと苦《く》労《ろう》だった。

そして、かぶこたちはというと、心配なことが起こっていた。どうやら、わが家のかぶこたちは成長《せいちょう》がおそいようだ。原田先生の観察《かんさつ》では、ふ化した次の年、ひと夏に2、3、4、5齢《れい》まで続《つづ》けて脱皮《だっぴ》をするとの話だった。けれど、わが家のかぶこたちは、夏休み最終日《さいしゅうび》になっても、多くがまだ3齢《れい》で、2齢《れい》の子もいたほどだ。

8月末《まつ》に原田先生に相談してみたところ、「自《し》然界《ぜんかい》の食べものは、多様だからねえ。どうしても飼育《しいく》の場合、えさが同じになるでしょう。そうすると、成長《せいちょう》がおそいんですよ」

と話してくれた。

自然界《しぜんかい》のカブトガニは、いろいろな生きものにかこまれている。食べられる危険《きけん》もあるけれど、ぎゃくにカブトガニも、いろんなものを食べているのだろう。ゆたかな生態系《せいたいけい》の食物《しょくもつ》れんさのなかで成長《せいちょう》していける。

一方で、マンションぐらしのカブトガニのすみかは、かわらずベランダのすみっこに置《お》いた水そうのなかだった。


9月になった。

まだ暑いせいもあって、かぶこたちはどんどん脱皮《だっぴ》を続《つづ》けた。2齢《れい》が3齢《れい》に、3齢《れい》が4齢《れい》に。わたしもハツもほっとする。

3齢《れい》から4齢《れい》になるには、だいたい1か月というが、まさにそのとおりだった。

4齢《れい》になると尾剣《びけん》がぐんとのびる。大きさも、前体の横ははば1㎝《センチ》をこえた。3齢《れい》のときより、1・3〜1・5倍と大きくなった。

水かえ、えさやりは毎日の作業。手をぬくことはできなかった。夏休みが終わり、ハツの学校がはじまったため、えさやりは、夕方から夜にかけての2〜3時間が多くなってしまったけれど。

このころ、かぶこたちは、じっとするようになってきた。どろの上でうろうろはしているのだろうが、おなかを見せて泳ぐことはなくなった。はうばかりだ。おなか側《がわ》をねらわれたら、命取りになるからだろうか。

えさを食べるときも、おなかを下にすることが多くなった。足の動きが見られるのは、たがいにぶつかりあって、ひっくりかえったときぐらいだ。

6ぴきが、さらに脱皮《だっぴ》をして4齢《れい》になった。が、9月もなかばになると脱皮《だっぴ》をしなくなってきた。3齢《れい》は、20数ひき、まだ、2齢《れい》の子も3びきばかりはいた。

同じえさしかなく、どうしても発育がおそくなるのだろう。一刻《いっこく》も早く海にもどすほうがいいのではないか、と頭をよぎる。

その一方で、すでに成長《せいちょう》がおくれてしまった以上《いじょう》、ある程度《ていど》育つまで、わが家で責任《せきにん》を持って見守るべきではないか、とも考える。生きものとのつきあいは、その生きものがどんなに小さくても、大きな責任《せきにん》がついてくる。

いつかは海へかえす。この子たちは、ペットショップで手にいれたペットではない。うまれた海からあずかったものだ。でも、どこかで「せっかくここまで育てたから、プランクトンで育てられる5〜6齢《れい》までなら飼《か》うことも可能《かのう》だ」という気持ちもくすぶっていた。

わたしもハツも口にはしなかったが、かぶこたちの成長《せいちょう》をもう少し見とどけたいと思っていた。

なやむ、ハツ

そんななか、9月13日朝のことだった。

3齢《れい》にまでなっていた1ぴきが、4齢《れい》にならずにとつぜん死んでしまった。ほかのかぶこは、甲《こう》らを上にしているのに、この1ぴきは、おなかを見せ、いつもならせわしく動く足が、びろんとのびたままだ。

ときどき、カブトガニは死んだように動かないときもある。たまたまじっとしているだけで、えさをあたえたら食べるかもしれない、とかすかに期待して、えさの容器《ようき》にいれてみた。だが、足はのびたままで、あの懸命《けんめい》に動かす生命力は、もうそこにはやどっていなかった。死因《しいん》はわからなかった。

なぜ？　なぜ、死ぬの？

こうした朝、わたしたちは無言《むごん》で、ほかのかぶこたちが、がむしゃらにえさを食べるようすをながめた。このままだと、この小さな水そうのなかで死んでしまう子が、また出てしまうのだろうか。

わたしもハツも、同じ思いだった。

「かぶこたちは、どうしたいんだろう」

ハツがつぶやく。カブトガニは、鳴いたりさけんだりしない。じっとたえているようにも見える。そんなカブトガニのすがたは、けなげだ。彼女《かのじょ》たちの種《しゅ》は、こうやって2億年《おくねん》というときを乗りこえてきたのだと思いしらされる。

わたしたちは決断《けつだん》をせまられていた。かぶこたちを今、海にかえすべきか、かえさざるべきか――。

「かぶこが家からいなくなったら、わたしは小学5年、6年の自由研究に、なにをやればいいのかなあ」

ハツの思いももっともだ。自宅《じたく》で飼育《しいく》しているからこそ、観察《かんさつ》が可能《かのう》だったのだから。だが、ハツ自身、しずかに育っていくカブトガニをどうあつかえばいいのか、わからなくもなっているようだった。

わたしからハツにいった。

「かぶこを海にもどそうか。かぶっちが気になるんだけど」

「かぶっち」とは1ぴきだけ、わたしが名前をつけた子だ。4齢《れい》になったはいいが、尾剣《びけん》が折《お》れまがってしまったのだ。脱皮《だっぴ》のとき、なかなか尾剣《びけん》の部分がぬけずにこまっていた子だった。

尾剣《びけん》全体が、おなか側《がわ》にわずかに折《お》りこまれるようにして曲がり、剣先《けんさき》もまるで虫の足のように曲がっている。

かぶっちは、そんななかでも懸命《けんめい》にえさをかきこんでいた。曲がった尾剣《びけん》でバランスがうまく取れなさそうだが、えさのなかへ向かっていき、必死《ひっし》で食べている。けれど、自然界《しぜんかい》で生きていけるのだろうか。

カブトガニの尾剣《びけん》はかざりではないし、戦《たたか》う道具でもない。泳ぐときの舵《かじ》とりに使うほか、あお向けになった自分の向きをかえるために、尾剣《びけん》をどろにつきさして、よっこらしょと起きあがることもできる。

おなかを上にして、えさを食べる「かぶっち」。尾《び》剣《けん》の先が折《お》れまがっている。

また、尾剣《びけん》を海底《かいてい》に、いかりのようにつきさして、自分の体が流されないようにするともいう。その役目を、かぶっちの尾剣《びけん》は、果《は》たせないかもしれない。

カブトガニの生命力はたくましく、次の脱皮《だっぴ》をするときに、失《うしな》った体をなおしたり、再生《さいせい》させたりもすると、以前《いぜん》に原田先生から聞いていた。だが、次の脱皮《だっぴ》で、曲がった尾剣《びけん》から、体をぬきだせるのだろうか。

それだけでなく、ほかに気になる子もいた。9月末《まつ》になっても、まだ2齢《れい》の子が1ぴきだけいたのだ。

「かぶっち」とこの「2齢《れい》の子」の2ひきが気がかりで、わたしたちは決断《けつだん》できずにいた。

同じ親から同じときにうまれ、同じ環境《かんきょう》に置《お》いているのに、紙一重《かみひとえ》の差《さ》で、かぶこたちは早くも、さまざまな運命をせおっている。それぞれが、それぞれの道を歩きだしていた。そして、かぶこたちはただただ毎日、猛然《もうぜん》と食べ、精《せい》いっぱいに命をまっとうしようとする。

10月、タイムリミット

10月になった。海にかえすなら、もう時間的《じかんてき》に限界《げんかい》だ。

水そうには、4齢《れい》は6ぴき、3齢《れい》は23びき、2齢《れい》が1ぴき。

わたしたちは話しあった。どうするのがいいのか。

ハツは、カブトガニを海にかえすことで、来年の自由研究のテーマが見えなくなる。小学2年、3年、4年と3年間カブトガニの研究を続《つづ》けてきて、クラスの仲間《なかま》たちにも「カブトガニといえば、ハッちゃん！」と、いわれるようになって、それがうれしかった。

学校の先生も「自由研究でずっとカブトガニを継続《けいぞく》してやっているんだって⁉すごいねー」とほめてくれる。

カブトガニは、ハツにとって、自分の個性《こせい》の一部のようなものになっていた。そしてなにより、毎日をともにする仲間《なかま》でもあった。

その大事なカブトガニを手ばなすのだ。ハツ自身もなかなか決められなかった。「せっかくここまで育ててきた」という気持ちが、どうしてもついてまわる。

「かぶっちとか、2齢《れい》の子は飼育《しいく》しつづけないと、心配だし……」

「ハツのいうとおりだよ。海にかえすと、すぐ鳥たちにねらわれるよ。秋は、ダイシャクシギとかも来るし、アオサギとかサギ類《るい》だって、海にも来るよ」

鳥好《ず》きの姉がいう。

「人間の都合で、家で飼《か》っている生きものが死ぬ

のを、もう見たくないよ」とお父さん。

「それでも、うちで飼《か》っていたら、食べられることはないよね」

ハツがたしかめるようにきく。

「けれど、それは自然《しぜん》の決まりだ。ぼくたちがどうこうすることじゃない」

ハツの無言《むごん》のこまり顔がしばらく続《つづ》いた。そして、ハツは姿勢《しせい》を正して、わたしの目をじっと見てきた。

「かえす。かぶこを海にかえす」

「いいの？」

「海にかえしてやりたい。海を見せてやりたい」

「海を？」

「よくよく考えてみれば、かぶこたちはずっとマンションぐらしだった。うまれてまだ一度も、本物の海を見ていないんだよ」

ハツは、大きく息をすって続《つづ》けた。

「ほんとうの海を見せてやりたい。ずっとここにいて、そのまま死んじゃったら、かわいそうだよ。広い世界を見せてやりたい。だから、今週末《こんしゅうまつ》、海にかえす」

かぶこに目をやれば、見えてくるのは、マンションのベランダ。金魚用の四角い水そうと、えさやり用に使っている白いキッチン用のボウル。ポリタンクにはいった海水。死んでしまった小さなカブトガニをうめたのは、ベランダのプランターだ。話しあう横では、ブラインシュリンプ用のふ化器《かき》のエアポンプがブーンと音をひびかせながら、空気を容器《ようき》のなかにはきだしている。

わたしたち家族が用意した環境《かんきょう》は、大いなる海とは、にてもにつかなかった。海ぐらしとマンションぐらしには、うめがたい大きなみぞがあった。

「生きている化石」のカブトガニは、はるかなる地球の時間を秘《ひ》めた、海の生きもの。ハツがいっているのはおそらく、こうしたカブトガニへの敬意《けいい》なのだ。そんなカブトガニを飼育《しいく》する日々《ひび》にめぐまれ、「生きている化石」を間近で見ることができた。

一方で、干《ひ》がたでどろんこになって、生きものをつかまえたり、カブトガニの産《さん》卵《らん》にも出会ったり、海で遊んだり。ハツはこの間、海ともたくさん出会ってきた。そこで、海のゆたかさ、ふしぎさなど、大いなる海も肌《はだ》で感じとっていたのだろう。今、そのふたつが交差《こうさ》するように重なって、ハツのなかでひとつの結論《けつろん》が出たのだ。――海へかえす。

海が、答えをくれたのだった。

ちょうど、テレビの天気予報《よほう》が、台風の接近《せっきん》を告《つ》げていた。進路はまさに、本州最西端《さいせいたん》のこの地に上陸《じょうりく》する、とくりかえしていた。

ここから、かぶこがうまれた場所まで、車で1時間半から2時間はかかる。かえすときは、卵《たまご》をあずかった場所へ行かねばならない。原田先生との約束《やくそく》だ。最後《さいご》まで責任《せきにん》を果《は》たしたかった。

だが、台風直撃《ちょくげき》の予報《よほう》が、わたしたちの前に立ちはだかろうとしていた。台風のときに、海に行ってはいけない。危険《きけん》すぎる。台風の影響《えいきょう》で、この週末《しゅうまつ》に山口湾《やまぐちわん》へ行けなかったら、決断《けつだん》がおそかった自分たちの失敗《しっぱい》として受けいれ、もう一回、わが家でまた眠《ねむ》らせて、次の夏に海にかえそう。それしかない。

あとは天気しだいだ。わたしたちは天気予報《よほう》に注意しつつ、空の雲をあおぎ見て、その日を待った。

きょうだいたちのいる海へ

予定した10月6日、まさに台風25号が上陸《じょうりく》し、山口県《やまぐちけん》を直撃《ちょくげき》していた。地域《ちいき》のイベントなどはすべて中止。学校からも、不要《ふよう》の外出禁止《きんし》の連絡《れんらく》が来ていた。

朝、暴風《ぼうふう》とはげしい雨が、九州北部《きゅうしゅう》と本州最西端《ほんしゅうさいせいたん》の地をおそってきた。本州《ほんしゅう》と九《きゅう》州《しゅう》をつなぐ関門橋《かんもんきょう》は、通行止めになっている。

だが、台風はどうやら日本海へ猛《もう》スピードでぬけていくようだった。

干《ひ》がたがあらわれる干潮《かんちょう》の時間は、午後。

われわれは、台風の進路となる日本海へ向かうのではなく、東へ、瀬戸内海《せとないかい》へと向かうため、行けるかもしれないと思った。

台風の影響《えいきょう》で気温は高い。台風がすぎると30度をこえるという予報《よほう》だ。かぶこたちは、寒いと動かなくなるから、暑いほうがありがたい。

台風がぶじにすぎされば、今日が海へかえす、この年最後《さいご》のチャンスとなる。

「海にかえる前に、たくさん食べておくんだよ」

最後《さいご》になるかもしれない、わが家での食事。ハツは、ブラインシュリンプを取れるだけ取って、かぶこにあたえた。2齢《れい》の子は、2齢《れい》のままだった。最後《さいご》まで脱皮《だっぴ》にはたどりつかなかった。

そして、尾剣《びけん》の曲がったかぶっちにも、もりもり食べておいてほしかった。

少しでも多く、体力と栄養《えいよう》をたくわえておいて、これから起こるかもしれない、きびしい出来事を乗りこえてほしかった。

正午近く。ハツ、お父さん、わたしの3人で家を出た。車でかぶこたちがうまれた海へと向かう。風はまだ強かったものの、台風が猛《もう》スピードですぎ、青空が見えはじめたからだ。

タッパーにラップをして、そこにつまようじで穴《あな》をあけて、かぶこたちを連《つ》れてきた。えさのブラインシュリンプのはいった海水ごと、みんないっしょに。かぶこたちを海にかえすのは、とても不安《ふあん》だった。えさをもらえる温室から、リアルなサバイバル世界へ送りだすのだ。むねがざわざわした。

ハツも、車を運転するお父さんも、だまっていた。

1年と2か月ぶりに、かぶこたちの卵《たまご》をあずかった山口湾《やまぐちわん》の海岸に着く。長い堤《てい》

台風が去ったあとの、山口湾《やまぐちわん》の海岸。

防《ぼう》の上から海を見る。干潮時《かんちょうじ》、波はぐっと向こうに見える。遠くで波が白く、あわだっている。

ときおり強い風がふき、かみの毛が顔にからみついてくる。けれど、潮《しお》が完全《かんぜん》に引いた干《ひ》がたは、おだやかな表情《ひょうじょう》をとりもどしていた。

ハツが、堤防《ていぼう》から動こうとしない。

「行こう」

わたしからハツに声をかけた。まだハツは、後ろがみを引かれているようだった。きっと、わたしたちはさみしいのだ。毎日毎日、声かけして成長《せいちょう》を見守ってきた。白い4㎜《ミリ》ほどの卵《たまご》のときから。

　でも、かえすときが来るのはちゃんとわかっていた。そして今が、そのときだ。

「さみしくなるといけないから、みんないっしょにして干《ひ》がたに置《お》こうよ」とハツ。

「それじゃあ、鳥にねらわれて一網打尽《いちもうだじん》だ」

と、お父さんがすかさず切りかえした。

「じゃ、2ひきずついろんなところにかえす！」

　かえしかたが決まった。

「ね、干《ひ》がたにけっこうカブトガニいるよ」

　ハツは、干《ひ》がたのなかを歩きながら、カブトガニの特《とく》ちょう的《てき》なくねくねとしたあとを見つけ、カブトガニを取りだして見せた。かぶこよりは大きく、黒く、5、6齢《れい》といった感じだ。かぶこたちと同じように1年前の夏にうまれたのだろうか。

もし、そうならきょうだいかもしれない。

「お母さん、このカブトガニたちの近くにもどそうよ」

「え、それこそ鳥に見つけられやすいような気が……」

「でも、助けてくれるかもよ」

「たぶん、カブトガニは助けあわないと思うけど、いいのかなあ。うーん、わたしたち人間とは、いろいろちがうからなあ」

結局《けっきょく》わたしたちは、ハツの提案《ていあん》どおり2ひきずつ、カブトガニの幼生《ようせい》がいれば、彼《かれ》らの近くに置《お》くことにした。

まずは、3齢《れい》の子たちからだ。まるで、田植えのようにこしを折《お》りまげ、干《ひ》がたにそっと、かぶこを置《お》いていく。

「元気でね。がんばってね」

かごを干《ひ》がたに置《お》いた瞬間《しゅんかん》、かぶこは、頭からどろに、ささっともぐっていく。もぐってしまうと、動かなくなるのか、すぐにすがたはわからなくなった。どの子も、どの子も。

3齢《れい》は、ぜんぶで23びき。2ひきずつかえすのに奇数《きすう》だったため、次は4齢《れい》の子といっしょにした。4齢《れい》を5ひき。わたしたちは28ぴきをまず、海にもどした。

のこったのは、最後《さいご》2ひき。そう、この日までに3齢《れい》になれなかった「2齢《れい》の子」と尾剣《びけん》が曲がった「かぶっち」だ。

「生きるんだよ。がんばって生きるんだよ」

ハツが声をかける。

2齢《れい》のかぶこは、すぐにどろにもぐっていった。自然界《しぜんかい》で多様なえさにありついて、たくましく成長《せいちょう》してほしい。

そして、わたしたちの心配の種《たね》かぶっちは、どろにもぐろうとするのに、ほかの子たちよりも時間がかかっている。

尾剣《びけん》は体のバランスを取るのに、たいせつなのかもしれない。もぐるのもうまくできないとは……。

「ごめんよ。りっぱな尾剣《びけん》にしてやれなくて」

最後《さいご》は、わたしも声をかけずにいられなかった。わたしたちが見守るなか、かぶっちは、ゆっくりと時間をかけて、でも、ちゃんともぐっていった。

わたしたちは、49個《こ》の卵《たまご》をあずかり、40ぴきを休眠《きゅうみん》させて、30ぴきを海にかえすことができた。自然界《しぜんかい》での2年目の生存率《せいぞんりつ》は正確《せいかく》にはわからないけれど、きっと、天敵《てんてき》がいないぶん、自然界《しぜんかい》よりは生きのこっているはずだ。

カブトガニは、ひと夏に約《やく》2万個《こ》の卵《たまご》をうみ、そのなかでおとなになれるのは、たった4ひき、という研究者もいる。なんと、きびしい世界だろう。5000のうちの1ぴきにはいらなければ、生きのこれないなんて。

原田先生は「メスが10年間、毎年産卵《さんらん》すると考えて、一生のうちに20万個《こ》の卵《たまご》をうんでいることになります。でも、そのなかで最後《さいご》まで生きのこれるのは、わずかに2ひきという説《せつ》もあるんです」と話す。

ならば、10万分の1。

真夏の砂浜《すなはま》で見た産卵《さんらん》の営《いとな》みは、さまざまな困難《こんなん》を乗りこえ、いかなる不運《ふうん》にも負けず、力強く生きつづけたものだけがようやくたどりつける、奇跡《きせき》のような光景《こうけい》だったのだ。

カブトガニがえらんだ生きのこり作戦《さくせん》には、おどろかされるばかりだった。カブトガニは、卵《たまご》のときから環境《かんきょう》に応《おう》じられるよう進化し、血液《けつえき》には、みずからの身を守る力までそなえていた。

そして、鳴いたりさわいだりせず、海辺《うみべ》の環境《かんきょう》が続《つづ》くかぎり、寒いときは眠《ねむ》り、待つときは待つ。そして、複雑《ふくざつ》な脱皮《だっぴ》という高いリスクを負いながらも、かたいからを全身にまとうことで、おのれを守ってきた。

しかも、生きのびておとなになったメスとオスは、くっついてはなれない。そんなしんぼう強い生きかたを身につけていたからこそ、カブトガニは「生きている化石」といわれるような、かわらぬすがたで2億年《おくねん》もの時を重ねることができた種《しゅ》なのだと思う。

今なら、少しだけわかる。カブトガニをはじめ、生きものが今、そこに生きている、ということは、この生態系《せいたいけい》で生きぬくだけのすばらしい力を、それぞれがもうすでに、ちゃんと持っている、ということ。

目をこらせば、わたしたちの身のまわりは、そのすばらしい力にあふれ、きらきらかがやいている。

たいせつなのは、その力がじゅうぶんに発揮《はっき》できる環境《かんきょう》があるかどうか。だから、生きものたちの生活環境《かんきょう》が人間社会によって、ひどくゆがめられていないか、わたしたちは、常《つね》にたしかめつづけなければならないのだと思う。

わが家にカブトガニがやってきて、海にかえっていった。かぶことすごした2度の夏。彼女《かのじょ》たちは無言《むごん》のままなのに、多くを教えてくれた。そんな夏だった。

「ありがとう。かぶこ」

海を去るとき、ハツが口をついたかのように、小さくさけんだ。

帰り道、台風の空もようは消えさり、青空が広がっていた。車のなか、ハツは顔にタオルをずっとのせたままだった。

翌日《よくじつ》、10月なのに、気温は30度をこえる夏日になった。空は真っ青で、マンションの14階から見える関門海峡《かんもんかいきょう》は空をうつし、ものすごく青くきらめいていた。

おわりに

その後しばらくして、わたしは、ハツにある質問《しつもん》を投げかけた。

「ハツにとって、かぶこたちはどういう存在《そんざい》だったの？」

ハツは、ふいに向けられた問いに、ふしぎそうな顔をした。

「友だちだよ」

「かぶこたちはしゃべらないし、ハツといっしょに遊んだりしていないけど、友だち？」

「遊んでないけど、ずっといっしょにいたんだよ。わたしたち。

かぶこは、自分の近くにいるたいせつな友だちだった」

小学生のハツにとってかぶこたちは、いっしょに大きくなった、かけがえのない友だちになっていた。これからも地球という大きな家で、ハツは、たいせつな友だちといっしょにおとなになり、生きてゆく。

さあ、友だちに会いに、また海へ行こう。この陸《りく》だって海とつながっている。そして、すべての海がつながりあい、海はめぐりめぐって、この星を青く包《つつ》んでいる。わたしたちもカブトガニも、最初《さいしょ》は海の一滴《いってき》からはじまった者同士《どうし》だ。大いなる流れのなかで、ちゃんとつながっている。

地球という「わが家」に、わたしたちはやってきた。カブトガニも。人類《じんるい》も。

この先1億年後《おくねんご》、われわれたがいの種《しゅ》は、ぶじ生きのこっているだろうか。

そしてそのとき、今度はどんな友情《ゆうじょう》物語をつむぐのだろう。

カブトガニの存在《そんざい》のたいせつさに気づき
高い志《こころざし》のもと
調査《ちょうさ》研究や保護《ほご》活動に力をつくされてきた方々に
深く感謝《かんしゃ》して

カブトガニからのお願《ねが》い

カブトガニは、絶滅危惧種《ぜつめつきぐしゅ》とされています。

本書では、専門家《せんもんか》のアドバイスのもと、家で卵《たまご》をふ化させ、育てることができました。

みんな、海でカブトガニを見つけたときは、さわったりしてもだいじょうぶだけど、最後《さいご》は海にもどしてくださいね。

いっしょに未来《みらい》へ命をつなげるためにも、よろしくお願《ねが》いします。

参考文献

『カブトガニの海』著：土屋圭示　誠文堂新光社　１９９１

『カブトガニの不思議』著：関口晃一　岩波書店　１９９１

『カブトガニ』文：惣路紀通　写真：佐藤義明　山陽新聞社　１９９３

『カブトガニの生物学　増補版』編：関口晃一　制作同人社発行　星雲社発売　１９９９

『カブトガニ古代から未来へ』作絵：佐藤ヒロシ　佼成出版社　２００４

『調べてナットク！　みんなの博物館２』監修：河合雅雄　岩井宏實「みんなの博物館」編集委員会　河出書房新社　２０１２

『カブトガニの謎』著：惣路紀通　誠文堂新光社　２０１５

『生きた化石　摩訶ふしぎ図鑑』絵と文：北村雄一　保育社　２０１７

「Newton ２０１４年10月号　カブトガニの夏」（ｐ94〜ｐ１０３）

「カブトガニの形態・生態と流れの関係」清野聡子　２００１

「１９９５年〜２０１３年　曽根干潟カブトガニ産卵調査の記録」林　修　２０１５

「曽根干潟のカブトガニ」（リーフレット）日本カブトガニを守る会　福岡支部制作・発行　２０１３

「水環境館だより　第65号」北九州市立水環境館　２０１６年９月30日発行

・環境省ＨＰ「ふし野川河口域・干潟自然再生協議会」

・山口カブトガニ研究懇話会ＨＰ

・ナショナルジオグラフィック日本版　２０１９年３月18日電子版ニュース

石川初穂　小学２年時自由研究「みぢかなカブトガニのけんきゅう」２０１６

石川初穂　小学３年時自由研究「カブトガニのたん生」２０１７

石川初穂　小学４年時自由研究「カブトガニの脱皮と脱皮がら」２０１８

〈山口カブトガニ研究懇話会《こんわかい》　ＨＰ《ホームページ》〉

URL　http://www5c.biglobe.ne.jp/~h-kabu/

文　**石井里津子**

いしい・りつこ

佐賀県生まれ・香川県育ち。香川大学卒業後、出版社勤務を経て、埼玉大学卒。20年以上にわたって全国の農村をあるき、地域文化・農業農村についての取材執筆を続けている。編著に『棚田はエライ』（農文協刊）、著書に『千年の田んぼ』（旬報社刊）（第64回青少年読書感想文全国コンクール中学校の部課題図書）がある。

本書は、第7回子どものための感動ノンフィクション大賞 優良作品賞受賞作「カブトガニとハツ」を改稿し刊行したものです。

絵　**松本麻希**

まつもと・まき

埼玉県生まれ、千葉県在住。電子書籍関連の会社でWEBサイト作成・運営などに携わるかたわら、イラストレーターとして活動開始。2009年よりフリーで活躍。
著書に『まんが セロトニン健康法』（講談社）、共著に『鎌倉女ひとり旅』（KADOKAWA中経出版）などがある。

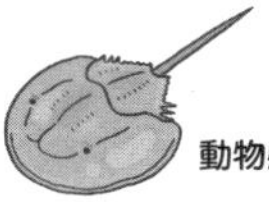

動物感動ノンフィクション

うちにカブトガニがやってきた!? 生きている化石とすごした1年と2か月

2020年7月7日　第1刷発行

文／石井里津子
絵／松本麻希　地図・説明図／入澤宣幸
デザイン／アルビレオ
特別協力／原田直宏（山口カブトガニ研究懇話会代表、日本カブトガニを守る会委員）
林 修（日本カブトガニを守る会顧問）

発行人／松村広行
編集人／小方桂子
企画編集／岡澤あやこ
編集協力／勝家順子　山本耕三　稲継光輝　鈴木瑛太　藤森 杏
DTP／アド・クレール
発行所／株式会社学研プラス
〒141-8415 東京都品川区西五反田2-11-8
印刷所／図書印刷株式会社

この本に関する各種お問い合わせ先
・本の内容については、下記サイトのお問い合わせフォームよりお願いします。
https://gakken-plus.co.jp/contact/
・在庫については Tel 03-6431-1197（販売部直通）
・不良品（落丁、乱丁）については Tel 0570-000577 学研業務センター
〒354-0045 埼玉県入間郡三芳町上富279-1
・上記以外のお問い合わせは Tel 0570-056-710（学研グループ総合案内）